LES
LOGEMENTS INSALUBRES

LA LOI DE 1850 — SON APPLICATION — SES LACUNES
RÉFORMES DÉSIRABLES

PROJET DE LOI

(Mémoire lu à l'Académie des sciences morales et politiques
dans sa séance du 4 février 1882)

PAR

ÉMILE LAURENT

PRÉSIDENT DU CONSEIL DE PRÉFECTURE DE LA SEINE
CORRESPONDANT DE L'INSTITUT.

PARIS

GUILLAUMIN ET Cⁱᵉ
ÉDITEURS
14, rue Richelieu.

ALPH. PICARD
ÉDITEUR
82, rue Bonaparte.

1882

LES LOGEMENTS INSALUBRES.

LA LOI DE 1850 — SON APPLICATION — SES LACUNES
RÉFORMES DÉSIRABLES.

PROJET DE LOI.

—

EXTRAIT DU COMPTE-RENDU
De l'Académie des sciences morales et politiques
(INSTITUT DE FRANCE)
PAR M. CH. VERGÉ,
Sous la direction de M. le Secrétaire perpétuel de l'Académie.

—

(Le projet de loi qui formule et condense les idées du Mémoire, et l'appendice résumant la jurisprudence, n'ont pas été lus à l'Académie.)

LES
LOGEMENTS INSALUBRES

LA LOI DE 1850 — SON APPLICATION — SES LACUNES
RÉFORMES DÉSIRABLES

PROJET DE LOI

(Mémoire lu à l'Académie des sciences morales et politiques dans sa séance du 4 février 1882)

PAR

ÉMILE LAURENT

PRÉSIDENT DU CONSEIL DE PRÉFECTURE DE LA SEINE
CORRESPONDANT DE L'INSTITUT.

PARIS

GUILLAUMIN ET Cie
ÉDITEURS
14, rue Richelieu.

ALPH. PICARD
ÉDITEUR
82, rue Bonaparte.

1882

LES
LOGEMENTS INSALUBRES

ET LA LOI DE 1850.

L'ordre qui lie les hommes en société
ne les oblige pas seulement à ne nuire
en rien par eux-mêmes à qui que ce soit,
mais il oblige chacun à tenir tout ce
qu'il possède en un tel état que personne n'en reçoive ni mal ni dommage.

DOMAT.

Il y a quelques mois, après avoir reçu communication
d'un mémoire déjà présenté à l'Académie de médecine,
par M. le docteur Marjolin, l'Académie des sciences morales, se souvenant de l'impulsion que quelques-uns de ses
plus illustres membres et elle-même avaient donnée autre-
fois à la question des logements insalubres, fixa une fois
de plus son attention sur cette importante et difficile question. Les travaux de M. Frégier, de Blanqui, de Villermé,
avaient ému, il y a quarante ans, l'opinion, les économistes
et un peu plus tard le législateur; mais les résultats de
la loi de 1850 n'avaient pas tardé à être reconnus insuffi-
sants.

MM. Picot et Ad. Franck ont mis cette insuffisance en
pleine lumière. « L'assainissement des logements insalubres, ont-ils dit, question d'humanité, d'économie politique, de politique même, est aussi et surtout une question de morale. » C'était remettre à l'étude un problème
qui a toujours préoccupé l'Académie au plus haut degré.

Des travaux sur le paupérisme et l'association, accueillis
avec indulgence par l'Académie, une situation profession-

1.

nelle qui m'appelle à interpréter et à appliquer les dispositions de la loi de 1850, m'engagent à présenter quelques considérations sur la portée réelle du régime légal auquel les logements insalubres sont soumis depuis trente-deux ans, ainsi que sur les améliorations dont ce régime paraît susceptible.

I

On sait dans quelles conditions la loi de 1850 a été discutée et promulguée. Des faits douloureux, signalés à l'attention générale par des philanthropes révoltés, avaient eu un immense retentissement. Ces faits, dévoilés avec éclat, imposèrent à l'Assemblée nationale la nécessité d'une loi sur les logements insalubres. L'indignation publique avait crié si haut, que la Chambre, quelques préoccupations qu'elle eût par ailleurs à cette époque, fut contrainte d'écouter une plainte qui devenait universelle. Mais, dans la crainte de dangers discutables, redoutant d'un autre côté de fortifier les théories socialistes que des publicistes ardents tentaient alors de vulgariser, elle vota une loi incomplète et contradictoire, qui retirait d'une main ce qu'elle donnait de l'autre, qui ne distinguait pas entre les besoins des villes et ceux des campagnes, une loi qui pouvait rester à l'état de lettre morte entre les mains de municipalités défiantes ou indifférentes et dans laquelle les hasards de la discussion publique avaient accumulé les incohérences et les contradictions.

Cette loi, qui ne fut adoptée qu'après de longs débats, était due à l'intelligente initiative de M. de Melun, député du Nord. Elle avait d'abord pour but d'armer les pouvoirs publics de nouveaux moyens d'action sur la propriété privée. La loi de 1790 donnait bien, en effet, aux municipalités le droit de prescrire des mesures générales d'assainissement, mais dans le cas seulement où ces mesures présentaient un caractère en quelque sorte extérieur à l'habitation. Elle ne permettait pas de pénétrer à l'intérieur du logement et de modifier l'immeuble lorsque, par son aménagement même, il était la source de l'insalubrité (1).

C'est cette lacune que le législateur timoré de 1850 prétendait combler. Partant de ce principe « que la propriété est le droit de jouir et de disposer des choses de la manière la plus absolue, pourvu qu'on n'en fasse pas un usage prohibé par les lois ou par les réglements (2), » la loi nouvelle se réservait d'interdire par des dispositions spéciales les faits de nature à porter atteinte à la vie ou à la santé des citoyens. Elle ne protégeait pas, il est vrai, contre lui-même, le propriétaire jouissant de sa chose, — et nous reviendrons sur ce point évidemment très-faible et très-discutable de la loi de 1850, — mais, s'il venait à tirer un parti quelconque de ses constructions, s'il les louait ou les faisait occuper par des tiers (3), cette loi réglait les conditions de la jouissance et modifiait celles qui lui paraissaient immorales ou illicites. C'était quelque chose, assurément; ce n'était pas assez.

Dès sa promulgation, et *à priori*, on voit que la loi de 1850 était insuffisante et ne répondait pas au mouvement d'opinion qui l'avait provoquée. Mais prétendre aujourd'hui qu'elle a été absolument impuissante et inutile est une assertion inexacte et injuste qu'on ne peut appuyer sur des documents sérieux et probants.

Je vais, en effet, en étudiant, à Paris surtout, l'application de la loi sur les logements insalubres, présenter quelques chiffres qui résument les résultats obtenus. Je dis à Paris

(1) Rapport de la sous-commission des logements insalubres de la Seine sur la révision de la loi de 1850.

(2) Code civil, art. 544.

(3) Rapport de M. de Riancey sur le projet de la loi relatif à l'assainissement des logements insalubres.

surtout, parce que c'est naturellement dans les grandes villes et principalement dans la capitale que l'influence de la loi s'est le plus fait sentir. Ailleurs, ses dispositions bienfaisantes étaient presque comme non avenues.

En 1853, sur toute l'étendue du territoire français, c'est-à-dire dans plus de 36,000 communes, la loi n'était appliquée que dans 228 ; en 1858 que dans 520 (1). Vingt ans après, en 1878, ses prescriptions étaient presque partout oubliées dans les départements, et c'est à peine si 8 ou 10 communes les mettaient à exécution (2). Les circulaires ministérielles adressées aux préfets, pour ranimer la vigilance des municipalités ne réussissaient point à modifier sensiblement cet état de choses.

Durant cette même période, au contraire, la commission des logements insalubres de Paris fonctionnait avec un zèle louable. Pendant l'année 1860, par exemple, elle statuait sur 1,656 affaires, et en 1861, sur 2,915. De ces 4,571 affaires, 3,925 se terminèrent à l'amiable et 514 seulement furent portées devant le Conseil municipal. Sur ce nombre, et après délibérations conformes, 18 furent déférées au Conseil de préfecture (recours des particuliers) et 114 au tribunal de police correctionnelle (contraventions) (3).

Vingt ans plus tard, au moment même où, comme nous venons de le dire, sur le reste du territoire français, la loi de 1850 paraissait oubliée, son action tutélaire se faisait toujours sentir dans la capitale. En effet, en 1879, la commission était saisie de 1,729 affaires dont 807 se terminèrent à l'amiable et 922 furent portés devant le Conseil municipal. De ces dernières, 17 furent déférées au Conseil de préfecture et 134 au tribunal de police correctionnelle. En 1880, la commission reçut 1,884 affaires ; elle en concilia 769 et

(1) Exposé des motifs de la loi de 1864.

(2) Rapport de la sous-commission des logements insalubres de la Seine.

(3) Exposé des motifs déjà cité.

en soumit 1,115 au Conseil municipal. Sur ce chiffre de 1,115 affaires, 28 furent déférées au Conseil de préfecture et 212 à la juridiction correctionnelle.

Comme le démontre le tableau c-dessous (1), et malgré

(1)

ANNÉES	AFFAIRES terminées à l'amiable par la Commission	AFFAIRES soumises au Conseil municipal	POURVOIS formés devant le Conseil de préfecture	CONTRA-VENTIONS déférées au Tribunal correctionnel	TOTAL DES AFFAIRES
1851	152	»	»	8	160
1852	122	3	3	»	128
1853	172	12	5	»	189
1854	228	92	6	»	326
1855	355	149	20	»	524
1856	354	81	43	»	478
1857	369	94	29	»	492
1858	355	114	12	31	512
1859	458	139	»	44	641
1860	3925	514	18	114	1656
1861					2915
1862	»	»	»	»	3020
1863	»	»	»	»	3072
1864	»	»	»	»	3698
1865	»	»	»	»	4160
1866	2854	643	32	82	3611
1867	2232	635	26	114	3007
1868	1867	442	18	92	2419
1869	1772	401	20	82	2275
1870	»	»	»	»	»
6 mois de					
1871	1112	169	»	»	1281
1872	1591	692	»	»	2283
1873	2200	929	1	82	3212
1874	2102	1016	10	96	3224
1875	2352	1411	17	172	3952
1876	2314	1078	11	79	3482
1877	1042	833	19	89	1983
1878	762	829	19	75	1685
1879	807	922	17	134	1880
1880	769	1115	28	212	2124
1881	1000	913	51	256	2220

(Extrait du livre de M. Jourdan, V. p. 10, en note.)

les écarts qui se produisent d'années en années, la moyenne du nombre des affaires portées devant la commission municipale de Paris n'augmente pas sensiblement. Au contraire, celui des recours contre lesquels l'administration a dû défendre ou des contraventions qu'elle s'est trouvée dans l'obligation de réprimer paraît avoir subi une légère progression ascendante.

Mais un examen approfondi de ces chiffres démontrera que, s'ils prouvent implicitement combien tout ce qu'un certain nombre de publicistes ont écrit sur l'inefficacité absolue de la loi de 1850 manque de fondement sérieux, ils signifient avant tout que l'intervention de la juridiction administrative du premier degré, en matière de logements insalubres, est réduite à un petit nombre de cas.

En effet, sur une moyenne de 2,000 affaires, 30 au plus sont déférées au Conseil de préfecture, soit 1 1/2 % ; la commission obtient immédiatement, pour toutes les autres, l'exécution des mesures qu'elle a prescrites, ou bien se borne, pour réduire les résistances, à fortifier ses rapports de l'approbation du Conseil municipal.

Le nombre des récalcitrants absolus, de ceux qu'il faut frapper correctionnellement après avoir obtenu contre eux le bénéfice de la chose jugée, est à peine de 10 % (1).

On voit que l'action de la commission des logements insalubres est plus efficace qu'on ne le croit généralement ; que l'exécution de ses décisions, — cela résulte des chiffres qui viennent d'être donnés, — n'est point paralysée, comme on l'a dit, par la mauvaise volonté des propriétaires « se laissant condamner à une amende illusoire plutôt que de se ré-

---

(1) « La majeure partie des affaires soumises à la commission se terminent à l'amiable, les propriétaires acceptent en général volontiers les injonctions de l'administration qui de son côté n'a recours à la juridiction du tribunal correctionnel que dans des cas relativement peu nombreux. » Jourdan, *Législation des logements insalubres. — Traité pratique.*

signer à des **travaux onéreux** (1). » Les travaux de nettoyage et d'écoulement des eaux ménagères, l'amélioration des cabinets privés, l'agrandissement des locaux dont le cube d'air est insuffisant ou l'interdiction de les mettre en location, sont des mesures d'une utilité incontestable dont on ne peut que souhaiter l'application sur une échelle de plus en plus large.

Eu égard au nombre des affaires qui lui sont soumises, les efforts de la commission sont donc loin d'avoir été stériles ; ses décisions sont rarement attaquées et, quand elles le sont, c'est presque toujours pour faire trancher des questions délicates que la loi n'a pas prévues et qui sont en conséquence du domaine exclusif de la jurisprudence (2).

En résumé, d'après les documents officiels que j'ai eus sous les yeux et dont les relevés forment le tableau que j'ai précédemment commenté, la moyenne des logements insalubres visités depuis trente ans à Paris par la commission est de 2,000 par an. C'est donc environ 60,000 logements qui depuis 1850 ont été l'objet de mesures d'assainissement.

Ce chiffre de 60,000 logements assainis est déjà considérable et digne d'attention, bien qu'en le comparant au nombre probable et malheureusement énorme des habitations insalubres, il ne réponde ni aux besoins d'une civilisation toujours en progrès, ni aux salutaires exigences de l'hygiène moderne. Mais il faut s'en prendre de cette

(1) O. d'Haussonville, *Revue des deux mondes*, 1881. — *La misère à Paris*, p. 845.

(2) J'ai dressé la nomenclature de ces questions qui résument les difficultés les plus importantes soumises au Conseil de préfecture de la Seine et au Conseil d'État. Pour éviter une sécheresse trop grande, j'ai cru devoir accompagner cette nomenclature d'une rapide analyse des principales espèces que l'on trouvera en appendice, avec le relevé de la jurisprudence, dans l'ordre des idées du projet de loi final qui résume mon opinion.

insuffisance, aux lacunes et aux imperfections de la législation ; car, si nous avons eu à cœur de justifier la loi de 1850 des reproches qu'on lui avait si injustement adressés, nous ne songeons à dissimuler ni à pallier aucun de ses défauts.

Ainsi, bien que les résultats obtenus par l'application de la loi sur les logements insalubres ne soient pas négligeables, et qu'à Paris particulièrement, ils aient acquis une importance réelle, il ne faut point se dissimuler que ce qui est fait n'est rien au prix de ce qui reste à faire. Certaines idées considérées comme irréalisables en 1850 ont vaincu le préjugé et poursuivi leur chemin. Elles s'imposent aujourd'hui. Le programme de l'auteur de la proposition de loi était rempli d'intentions généreuses dont l'assemblée n'a pas assez tenu compte. Il faut reprendre l'ancien programme et l'élargir encore. Il faut ne pas craindre de donner pleine satisfaction aux besoins présents, à ceux de l'avenir, dans la mesure où on peut les prévoir, et rédiger enfin une loi complète, prévoyante, énergique, en harmonie avec les manifestations de jour en jour plus pressantes de l'opinion publique.

Nous allons le démontrer en discutant les modifications dont l'ancienne loi est susceptible. Nous résumerons ensuite notre opinion dans un projet de loi.

MODIFICATIONS DONT LA LOI PARAIT SUSCEPTIBLE.

Les critiques formulées contre la loi du 13 avril 1850 ont été nombreuses et passionnées. Quelques-unes sont justes et appellent un prompt redressement. D'autres sont seulement spécieuses ou discutables. Nous allons les passer rapidement en revue.

LA LOI N'EST PAS IMPÉRATIVE.

Et d'abord, — c'est la critique la plus grave et la plus fondée, — la loi n'est pas *impérative*, elle n'est que *facul-*

tative. Elle permet aux municipalités de créer des commissions d'inspection pour les logements insalubres : elle ne les y oblige pas. Il en résulte que, si la loi est appliquée à Paris avec un zèle que l'on a trop souvent méconnu, elle est, nous l'avons vu, à peu près ignorée dans les départements. Ce résultat était facile à prévoir et d'ailleurs il avait été prédit à l'avance.

M. Th. Roussel de la Lozère, un des députés qui prirent part à sa discussion en 1850, disait au cours des débats : « Si vous ne donnez pas à la loi un caractère impératif, « soyez assurés que, dans la plus grande partie des com- « munes, non seulement des communes rurales auxquelles « je désirerais pour ma part que la loi étendit ses effets, « mais dans beaucoup de petites villes, de localités des pro- « vinces éloignées, là où l'incurie des municipalités est bien « connue, soyez certains que personne ne saisira le conseil « municipal de cette question et qu'elle ne sera pas même « discutée. Tout le monde sait quelle est l'apathie des mu- « nicipalités, et, avec la faculté de faire ou de ne rien faire, « il y a pleine certitude que rien ne sera fait. »

Ces observations étaient sages. Dans les petites villes, dans les bourgs, dans les campagnes où tout est question de personnes, l'inertie, l'ignorance, la divergence des intérêts, opposent des obstacles insurmontables à la réalisation des mesures les plus tutélaires, si l'obligation n'en est point inscrite dans la loi et si l'administration supérieure n'en impose pas rigoureusement l'exécution.

On allègue vainement, en pareille matière, que les dispositions d'une loi restrictive des droits de la propriété ne doivent être aggravées qu'avec une extrême prudence. La loi existe depuis plus d'un quart de siècle. Ses résultats sont appréciables à Paris, où, à raison de circonstances particulières, on a pu l'appliquer non sans fermeté et où la valeur des propriétés bâties, l'importance de leur revenu, encourage les propriétaires à déférer, sans user de la voie du

recours, aux injonctions souvent très sévères, presque excessives, — si on les rapproche du texte de la loi, — de la
commission des logements insalubres. Mais partout ailleurs
qu'à Paris, — et l'on pourra s'en convaincre, en se reportant
aux chiffres que nous avons cités au début de cette étude,
— les résultats de la loi de 1850 sont nuls, tellement nuls
que les rapports des vice-présidents des conseils de préfecture ont signalé pour la première fois, en 1879, un recours
formé en province, — un seul recours, — contre une délibération du conseil municipal en cette matière. C'est le
conseil de préfecture de la Loire-Inférieure qui avait été
saisi. L'expérience est donc faite. La loi, dans sa forme ori-
ginelle est insuffisante à Paris et impuissante en province.
Il faut, pour remplir les intentions de l'Assemblée qui l'a
votée, pour satisfaire l'opinion et la conscience publique,
en rendre les dispositions obligatoires après leur avoir fait
subir les améliorations suggérées par une expérience déjà
longue.

Un autre argument ne manquera pas de se produire
contre l'opinion de ceux qui veulent donner à la loi un caractère impératif. Après avoir invoqué les droits de la propriété, on parlera de la violation de la liberté individuelle.
On rappellera que, lors de la discussion de la loi de 1850, le
législateur a entendu laisser au propriétaire même le droit
d'habiter une maison insalubre. Dès qu'il ne la mettait point
en location, on croyait ne pas pouvoir le contraindre à y
faire des travaux d'assainissement ; il avait, il a encore le
droit de se suicider.

C'est avec de semblables sophismes que, par des amende-
ments présentés au cours de la discussion, l'on a enlevé une
partie de son efficacité à une loi dont l'intention et le projet
primitifs étaient excellents.

Dans l'Assemblée, les esprits avisés avaient bien pressenti
ce résultat. L'honorable M. de Melun, auteur du projet de
loi, disait lui-même : « La société doit nécessairement in-

« tervenir, non pas sans doute pour confisquer la liberté,
« mais tout simplement comme le père de famille qui
« éloigne la pierre du chemin de ses enfants. Lorsque le lé-
« gislateur a supprimé la loterie, lorsqu'il a fermé les mai-
« sons de jeu, il a, sans aucun doute, gêné la liberté de
« ceux qui regardent ces spéculations comme attrayantes
« et lucratives. Est-ce qu'il ne doit pas avoir le droit, est-ce
« qu'il n'a pas aussi le devoir de faire disparaître ces
« foyers de corruption qui non seulement consument les
« maisons qu'ils infectent, mais qui encore, la plupart du
« temps, font rayonner autour d'eux la contagion et la
« mort ?... »

Et s'appuyant sur les précédents législatifs qui ont résolu d'autres questions d'intérêt général, M. de Melun
ajoutait ;

« Je pourrais vous parler de la faculté que possède l'ad-
« ministration municipale de faire détruire les maisons qui
« menacent ruine, malgré le propriétaire lui-même.....
« Vous savez tous que, lorsque pour embellir une rue... on
« frappe une maison de la servitude d'alignement, il faut
« que le propriétaire consente à la démolir sans indemnité
« ou du moins consente à la voir tomber sans avoir le droit
« d'y mettre une seule pierre..... On lui défend même d'ap-
« pliquer une couche de peinture sur la façade..... tant on
« craint que la propriété ne se détruise pas assez vite..... »

Après M. de Melun, les orateurs partisans de l'obligation
citaient encore maintes prescriptions de nos lois administratives ayant le caractère impératif au premier chef et re-
latives soit aux chemins vicinaux, soit à l'instruction pri-
maire, et ils soutenaient que la santé publique était d'un
intérêt au moins aussi général que la voirie et les écoles,
puisqu'elle était la base même de l'existence normale de
l'humanité.

Mais c'est en se reportant à la législation étrangère en
matière de logements insalubres que l'on se rend compte

de la timidité, des scrupules exagérés de la loi française. Même dans les pays où les idées de conservation exercent le plus grand empire, en Angleterre, par exemple, on n'a pas été arrêté par de semblables préoccupations. Un bill de 1846, un autre bien plus complet de 1848 ne se bornent pas à interdire la mise en location des logements qui seraient insalubres ; ils déclarent que le conseil de salubrité pourra *d'office* procéder à l'assainissement de ces logements, si le propriétaire ne le fait pas lui-même et que les frais retomberont ensuite à la charge du propriétaire. Un nouveau bill rendu en 1875, pour la consolidation et l'extension des *acts* antérieurs, va plus loin encore. Il impose aux autorités locales le droit d'améliorer, et si besoin est, de *détruire* les logements insalubres et de les remplacer par des logements sains, dussent-elles exproprier les maisons et contracter un emprunt pour les reconstruire. La loi précitée indique les formalités à remplir, les enquêtes à faire. Le médecin chargé de l'hygiène publique, ou douze contribuables de la ville, peuvent prendre l'initiative de l'entreprise (1).

On voit donc que l'art. 13 de la loi de 1850, repris par la loi anglaise, a été considérablement aggravé. Il existe surtout une différence essentielle entre les deux législations. Ce qui est resté facultatif en France est devenu *obligatoire* en Angleterre. Du reste, les premiers bills que je viens de citer, interdisent non seulement « la location des habita-« tions insalubres, mais encore défendent au propriétaire « lui-même d'habiter sa maison. Ils ne lui laissent pas la « liberté du suicide (2) que notre loi a respectée, et cela « sous les peines les plus sévères, sous des amendes qui « peuvent s'élever jusqu'à 25 ou 30 fr. par jour pour les plus « chétives masures (3). »

(1) M. Block, *Dictionnaire d'administration,* p. 1206, 2ᵉ section.
(2) M. de Melun. — Discussion de la loi de 1850. — *Passim.*
(3) La législation anglaise, qui semble très en avance sur la nôtre, ne satisfait cependant pas en Angleterre les amis du progrès. Ils se plai-

Il semble d'ailleurs qu'il faille faire justice de cette théorie de la liberté du suicide qui n'est inoffensive, au point de vue social, qu'autant qu'elle ne nuit pas à la liberté d'autrui. Réduite à sa plus simple expression, elle peut sous une forme tangible se résumer ainsi : il est légitime d'interdire à un marchand de mettre en vente des aliments malsains et corrompus, mais on ne peut empêcher le marchand lui-même de les consommer. Malheureusement, en raisonnant ainsi, on oublie que l'habitation, par un propriétaire, d'une maison insalubre est un suicide d'une nature toute particu-

gnent que les bills ne pouvant en fait s'appliquer qu'aux maisons bâties depuis 20 ans, leurs avantages *effectifs* sont singulièrement diminués. Ils leur adressent d'autres reproches. C'est ainsi que, dans une lecture en 1878 à l'association des sciences sociales, le docteur Child, s'occupant des causes de l'insalubrité dans les districts ruraux, s'exprimait en ces termes : « L'officier de santé trouve qu'un cottage est ou trop sale
« ou trop délabré, ou habité par trop de gens, ou si mal situé que cette
« situation devient un danger pour la santé des habitants ; il fait un
« rapport et congé est donné au propriétaire ou au locataire. Si le
« congé n'est pas pris en considération, on menace de poursuivre ; et le
« propriétaire, trouvant que le loyer qu'il obtient ne peut payer les
« frais nécessaires pour les réparations ou améliorations prescrites,
« préfère mettre son locataire dehors et fermer son cottage, plutôt que
« de faire les dépenses exigées ; et ainsi le résultat de la loi tend à aug-
« menter des maux auxquels elle avait pour but de remédier. Toute la
« question tourne dans un cercle vicieux. Les cottages sont rares parce
« qu'ils ne rapportent pas ; ils sont dans de mauvaises conditions pour
« la même raison. On intervient pour arrêter le danger et on augmente
« le mal, et, si l'on refuse d'exécuter la loi on prête la main à de mau-
« vaises conditions sanitaires. »

Ainsi, nous écrit-on d'une source anglaise autorisée : « En Angleterre
« on ne permet — en théorie — à personne de se suicider en habitant
« une demeure malsaine, et des moyens sont prévus par la loi contre les
« logeurs, locataires et propriétaires ; mais, dans la pratique, la loi n'a
« pas toute l'efficacité désirée parmi nos professeurs de sciences sociales,
« qui voudraient la voir renforcée dans plusieurs directions. »

lière. Lorsqu'un propriétaire habite en famille un logement insalubre, il ne nuit pas qu'à lui-même ; il nuit encore à ses domestiques, à sa femme, à ses enfants ; et, si ces derniers contractent des maladies scrofuleuses, par exemple, ou des maladies de la peau, ils nuiront aux enfants du voisinage et par conséquent à beaucoup d'autres qu'au propriétaire lui-même. Si cette maison, ainsi habitée, devient, par suite de son insalubrité même, un foyer de maladies contagieuses ou épidémiques ; si la fièvre typhoïde, si le choléra, comme on l'a vu à certaines époques, s'y fixent et déciment, en rayonnant, les habitants du voisinage, soutiendra-t-on que la liberté du suicide laissée au propriétaire n'a point nui à la santé publique, n'a point lésé les intérêts généraux (1)?

Mais on a le droit d'aller plus loin et de dénier hardiment au propriétaire la plus triste des libertés. La maxime *Volenti non fit injuria* ne peut trouver d'application dans les questions d'hygiène et de salubrité publique. Le caractère spécial des lois de salubrité est de protéger l'individu contre son insouciance, contre son ignorance, contre son absence de raison ou de bon sens. La santé publique est faite de santés individuelles. La population d'un pays est faite d'existences particulières (2). Il faut améliorer les conditions d'existence de quelques-uns pour qu'elles ne mettent point en péril la santé de tous. Les spéculations sur la liberté du suicide n'ont rien à faire ici, puisqu'il s'agit en somme d'un suicide inconscient, latent, sans autres motifs que l'avarice des uns, l'inintelligence ou l'incurable abandon

---

(1) L'insalubrité de la *cité Jeanne d'Arc* à Paris avait provoqué une épidémie variolique dont les conséquences pouvaient être fatales à l'arrondissement tout entier dans lequel était situé ce foyer d'infection.

(2) « La loi anglaise peut sembler très-étrange et cependant elle est des plus sensées et des plus sages, puisqu'elle concourt à maintenir la puissance du pays en lui conservant sa population. » (Dr Marjolin. — *Etude sur les causes et les effets des logements insalubres*, p. 9).

des autres, c'est-à-dire du suicide le moins raisonné qu'il soit possible d'imaginer.

L'insalubrité causée par l'abus de jouissance du locataire doit être aéglement poursuivie et réprimée. La loi de 1850 n'a pris à partie que les propriétaires. Elle les a considérés, et avec juste raison, comme les véritables répondants de la salubrité des habitations qu'ils possèdent et qu'ils ont le devoir d'assainir. Il ne faut point oublier cependant que, si les locataires sont souvent en proie à l'insouciance et à l'avarice des propriétaires, ils sont souvent aussi les victimes de leur incurie et de leur malpropreté personnelles. Ils devraient donc également être responsables de leurs actes. La facilité avec laquelle ils transforment un grenier sans fenêtre, un magasin loué comme tel, une remise même, en chambre à coucher, en habitation effective où ils s'entassent eux et leur famille (1), n'a peut-être pas été assez remarquée.

Dans ce cas et dans beaucoup d'autres où l'insalubrité provient du fait du locataire qui a transformé la chose louée, l'intervention de la commission amène un résultat au moins étrange : la *poursuite* du propriétaire.

Nous voudrions qu'une nouvelle disposition de la loi permît à la commission de s'attaquer aux locataires, lorsqu'ils auraient commis des abus de jouissance ou violé trop ouvertement les règles générales de l'hygiène.

IL EST NÉCESSAIRE D'ABRÉGER LES DÉLAIS DE LA PROCÉDURE.

La mise en pratique à Paris de la loi du 13 avril 1850 a démontré que les délais de la procédure administrative ordinaire appliqués aux affaires de logements insalubres sont destructifs de la loi elle-même.

S'agit-il, en effet, d'une maison neuve, dont les plans ont

(1) Dans une statistique dressée à Buda-Pesth par le docteur Korisi, il a été établi que le danger de succomber à une maladie contagieuse est de 50 p. 0/0 plus grand dans un logement où il y a plus de dix personnes par pièce que dans celui qui n'est habité que par une ou deux personnes au plus vivant dans une même chambre.

été approuvés par l'administration et qui, bien que convenablement construite, au point de vue de la qualité des matériaux et de leur mise en œuvre, c'est-à-dire des règles de l'art et du souci de la sécurité publique, n'en est pas moins extrêmement malsaine, la première année, à cause de la fraîcheur de la pierre et de l'humidité des plâtres, on reconnaît que la commission peut intervenir et faire prendre une délibération par le conseil municipal. Mais si le propriétaire résiste, les délais de procédure applicables aux voies et moyens de recours, permettent de prolonger le procès et de surseoir à l'exécution des prescriptions pendant au moins deux années. Ce laps de temps écoulé (et c'est un minimum), les prescriptions n'ont plus d'objet : les murs se sont séchés, l'immeuble s'est assaini, la maison est devenue salubre, on peut l'habiter sans inconvénient. L'intervention de la commission a donc été inutile et dérisoire.

Nous avons cité cet exemple parce qu'il nous a paru topique. Un délai légal faisant disparaître un délit que la loi se proposait d'atteindre ! Quoi de plus singulier, de moins rationnel, de moins juridique !

Dans tous les autres cas, au contraire, où l'insalubrité est permanente, les moyens de procédure ne peuvent la faire disparaître, mais ils la prolongent quelquefois indéfiniment.

Si les affaires de logements insalubres portées devant le conseil de préfecture étaient jugées d'urgence, ou du moins si la loi impartissait un délai de rigueur au juge administratif, un mois par exemple, comme en matière de réclamations électorales, l'inconvénient signalé disparaîtrait en grande partie.

PÉNALITÉS DÉRISOIRES.

On rendrait évidemment aussi la loi plus efficace, en aggravant les pénalités qu'elle édicte et qui sont presque dérisoires.

Condamner les propriétaires récalcitrants à une amende qui peut varier de 16 à 100 francs, c'est vraiment les encourager à la résistance. C'est, dans les cas les plus urgents, les plus graves, et dès lors les plus intéressants pour la santé publique, laisser la commission sans influence et l'administration sans autorité.

Peut-être serait-il désirable d'introduire dans la loi une disposition permettant aux membres de la commission ou aux visiteurs, dont nous proposons plus loin la création, de dresser des procès-verbaux de contraventions dans le cas où les règles générales de l'hygiène auraient été trop ouvertement violées. Ces procès-verbaux seraient déférés au tribunal correctionnel qui prononcerait une amende dont le maximum devrait être assez élevé. Cela n'empêcherait point de maintenir l'amende édictée déjà par la loi de 1850 et applicable à la non exécution des travaux. Mais nous n'insisterons pas toutefois, quant à présent, sur cette idée, par suite de la grande difficulté de définir au point de vue d'un procès-verbal entraînant une peine, les cas précis où il y aurait violation des règles de l'hygiène.

DÉPENDANCES.

Le mot si vague de *dépendances*, glissé dans la loi par voie d'amendement, désigne les espaces libres, cours, allées, passages, ruelles, voies non classées, etc., ménagés dans l'intérieur des propriétés pour l'usage des locataires et dans le but, soit de donner aux logements l'air et la lumière, soit d'établir une issue sur la voie publique. Les *dépendances* n'ayant pas été énumérées et définies, il résulte de cette omission des variations dans la jurisprudence, très-préjudiciables à l'autorité de la commission. Celle-ci, en effet, n'est compétente que lorsque le juge administratif a reconnu que les passages, cours, etc., remplissent trois conditions : 1° qu'ils desservent les habitations riveraines ;

2° qu'ils appartiennent aux propriétaires de ces habitations; et 3° que ces mêmes propriétaires ont conservé le droit d'interdire l'accès de ces voies privées à la circulation publique. On comprend que ces conditions soient matière à interprétation et à procès (1). Il serait utile de placer les dépendances, largement énumérées et définies, et les voies non classées, quelle que soit leur raison d'être et leur origine, dans les attributions de la commission.

ATELIERS, MANUFACTURES, USINES ET BUREAUX.

Ne conviendrait-il pas d'étendre aussi les bienfaits de la loi aux ateliers et manufactures, aux usines, aux bureaux sans air et sans lumière, qui, s'ils ne sont point des logements à proprement parler, sont des locaux habités le jour, quelquefois même la nuit et dont l'insalubrité est fort préjudiciable à la santé des ouvriers ou des employés qui les occupent ? Mais on pourrait faire plus encore.

La loi du 4 germinal an XI exemptait les manufactures de l'impôt des portes et fenêtres. Les progrès naturels de l'industrie ayant remplacé les *manufactures* par des *usines*, la jurisprudence n'a point voulu accorder à ces dernières l'exemption édictée en faveur des manufactures. Les usines ne sont cependant, à proprement parler, que des manufactures où les machines à vapeur tiennent la place d'un certain nombre d'ouvriers. Ce sont donc des manufactures encore plus malsaines que celles que la loi avait en vue. Il y aurait lieu dès lors, loin d'accepter les décisions restrictives de la jurisprudence, de renouveler et d'étendre l'ancienne exemption.

Dans les usines ou ateliers, comme dans les bureaux, l'air et la lumière sont, en effet, des éléments de vie absolument indispensables, et il serait équitable d'accorder à ces établissements, comme aux manufactures, le bénéfice entier

(1) Voir plus loin jurisprudence citée à ce sujet.

des dispositions de la loi de germinal, c'est-à-dire, l'exemption complète de la contribution des portes et fenêtres.

Le législateur de 1850 avait évidemment pensé à des immunités analogues lorsqu'il décidait que les ouvertures pratiquées pour l'exécution des travaux d'assainissement seraient exemptées pendant trois ans de la contribution des portes et fenêtres : et, bien qu'il ne soit point d'usage d'introduire un privilége fiscal dans une loi administrative, il n'y a qu'avantage à suivre ici un précédent aussi justifié.

LOCATAIRES CONSTRUCTEURS.

Un propriétaire a loué un terrain pour qu'on y élevât des constructions. Si le bail porte qu'il doit à la fin de la location rester propriétaire de ces constructions, il est responsable de leur insalubrité ; si, au contraire, il a renoncé par avance au bénéfice de l'accession des constructions, c'est le locataire constructeur qui est responsable (1).

Mais les affaires ne se présentent jamais aussi simplement ; elles se compliquent au contraire de la question des dépendances, quelquefois presque insoluble. Il est donc nécessaire que la loi dise nettement à qui incombe l'exécution des travaux d'assainissement, dans le cas où le sol et les constructions appartiennent à deux propriétaires différents.

DE L'EAU COMME MOYEN OBLIGATOIRE D'ASSAINISSEMENT.

Un des plus puissants éléments de salubrité, surtout dans les grandes villes, serait l'eau (2) répandue à profusion et mise, pour l'assainissement, à la disposition de tous les locataires. Toutefois, ne pourrait-on pas contester en prin-

(1) Voir la *Jurisprudence*, à l'appendice.

(2) M. l'ingénieur Durand-Claye dans un mémoire relatif à l'assainissement dit que : « Le vrai, le seul désinfectant pratique est celui que « réclame depuis de longues années, la commission des logements insa- « lubres, l'eau ! »

cipe le droit d'imposer indistinctement cette obligation à tous les propriétaires ? La ville de Paris le fait lorsqu'elle vend à des entrepreneurs les terrains à bâtir. Elle impose l'eau dont elle est marchande en même temps qu'elle cède ses terrains ; on ne peut prendre les uns sans l'autre. Mais elle agit alors en vertu d'une convention privée. C'est le propriétaire vendeur qui définit les obligations de l'acquéreur ; c'est le jeu naturel de l'offre et de la demande. Rien de plus licite, puisque l'acheteur a toujours le droit de renoncer à son opération, si les conditions du contrat lui semblent onéreuses.

Mais prescrire l'eau par mesure de disposition générale, sans distinction, sous forme impérative et dans un texte de loi ou décret paraîtrait peut-être excessif.

Il suffirait, pour que la difficulté disparût, de modifier, comme nous l'avons proposé, la loi de 1850 et d'en étendre indirectement la portée, en spécifiant d'une manière plus large les causes d'insalubrité, en ne les limitant pas à celles qui sont inhérentes à l'immeuble. Le conseil d'État l'a sans doute compris. Même sous l'empire de la loi de 1850, ayant à résoudre cette délicate question, il a jugé que le conseil de préfecture pouvait se prononcer pour l'affirmative ou pour la négative, suivant les espèces.

Ce sera donc à la commission et au conseil municipal d'abord, et ensuite à la juridiction administrative, de décider si, dans les grandes villes et particulièrement à Paris, il n'y aurait pas lieu de prescrire à tel ou tel propriétaire d'approvisionner son immeuble d'eau, en quantité suffisante pour assurer la propreté et, par suite, la salubrité (1).

(1) Le Congrès international d'hygiène (séance du 7 août 1878) a émis le vœu que l'introduction de l'eau dans les logements insalubres et notamment dans les logements d'ouvriers prenne place comme prescription légale dans les ordonnances et règlements de police.

La quantité désirable a été évaluée à 1.500 litres pour une construction couvrant 160 mètres superficiels. En attribuant 30 habitants à ce bâtiment, on aurait ainsi 50 litres par tête et par jour.

On a employé avec succès en province un moyen d'émulation qui avait toute la valeur d'un procédé d'assainissement. La ville de Tourcoing a fondé des primes pour récompenser la propreté (1).

APPLICATION DE L'ARTICLE 13 DE LA LOI DE 1850, RELATIF A L'ASSAINISSEMENT D'OFFICE.

Il importerait que l'administration pût, en vertu de la loi, faire procéder dans certains cas extraordinaires, à l'exécution des travaux d'assainissement, lorsqu'elle aurait inutilement épuisé tous les autres moyens de coërcition.

On ne peut toutefois se dissimuler que, dès que l'on entre dans la voie de l'exécution d'office et que l'on se rapproche de la loi anglaise, ce sont les finances municipales que l'on engage, c'est le budget que l'on grève dans des proportions peut-être excessives. Sans doute, on pourrait essayer de recouvrer tout ou partie des frais par un rôle et sous la forme de taxes assimilées, mais les immeubles visités par la commission des logements insalubres sont ordinairement situés dans les quartiers excentriques et pauvres, les locataires en sont indigents, les propriétaires eux-mêmes souvent peu solvables. Une fois les travaux exécutés la commune pourra-t-elle toujours obtenir le remboursement intégral de ses avances ? Cela est peu probable. L'excédant de la dépense devra-t-il donc être supporté par le budget municipal ? C'est là une grave détermination dont il est bon de prévoir et de mesurer les conséquences.

SUPPRESSION DE L'INTERVENTION DU CONSEIL MUNICIPAL ET DU DROIT DE RECOURS DEVANT LE CONSEIL DE PRÉFECTURE.

On a demandé la suppression de l'intervention du conseil municipal et du recours contre sa délibération devant le conseil de préfecture. On a soutenu que l'action de la commission des logements insalubres ne devait pas être entra-

(1) .V Dr Marjolin, *loc. cit.*, p. 13.

vée par des corps évidemment très-dévoués à la chose publique et très-experts en matière d'administration, mais ne présentant pas les garanties de capacité scientifique que réclament les matières de l'hygiène et de la salubrité (1).

« On ne conçoit pas, a t-on dit, que la commission des logements insalubres, étant composée des personnes les plus compétentes de la commune en matière de salubrité, soit tenue en échec en ce qui concerne le plus ou moins d'urgence d'une prescription technique par des corps constitués uniquement en vue de l'étude des questions administratives. »

Cette proposition reviendrait à dire que les fonctions de juges devraient être remplies, non par des magistrats, mais par des spécialistes et que la science du droit et de la jurisprudence dont le but est la meilleure application possible de la loi, dans les limites de la loi elle-même, est une vaine apparence et une dangereuse illusion. Les hygiénistes qui demandent cette prétendue réforme, ajoutent que si l'on maintient la délibération du conseil municipal et le recours devant la juridiction administrative du premier degré, il faut au moins refuser au conseil de préfecture le droit d'ordonner l'expertise en matière de logements insalubres. Dans cette opinion, la loi aurait voulu, en constituant la commission des logements insalubres, créer un corps d'experts chargés d'éclairer le conseil municipal et le conseil de préfecture. C'est donc, disent-il, méconnaître le vœu de la loi, aussi bien que le caractère de la commission, que de soumettre ses rapports au contrôle d'experts choisis par le conseil de préfecture, au grand préjudice des propriétaires qui auront à payer les frais de cette nouvelle expertise.

Le conseil d'État n'a pas été de cet avis. Il a formellement reconnu par un récent arrêt (2) le droit qu'avait le conseil

(1) Rapport déjà cité de la sous-commission des logements insalubres de Paris sur la révision de la loi de 1850.

(2) Conseil d'État, 11 novembre 1881 (Dillais).

de préfecture de s'éclairer par l'expertise en matière de logements insalubres. Ce droit découle de l'existence même de la juridiction et ne pourrait disparaître que si l'intervention de la juridiction elle-même en ces matières disparaissait aussi.

La commission instruit, en effet, les affaires, en n'examinant que leur côté technique et scientifique. Les droits des personnes, les charges et servitudes des immeubles, les excès de pouvoir résultant d'une fausse interprétation de la loi, l'étude de la jurisprudence ne la concernent ni ne la préoccupent. Il est cependant indispensable que ces questions soient discutées et résolues. D'autre part, les allégations contradictoires présentées par les parties et qui tendent à convaincre d'erreur technique ou scientifique la commission des logements insalubres doivent nécessairement aussi être soumises à l'appréciation d'hommes compétents, ayant mission de justice. Les travaux des ingénieurs de l'État offrent assurément des garanties au moins équivalentes à celles que présentent les rapports de la commission des logements insalubres. Ils sont néanmoins soumis à l'examen d'experts nommés par le conseil de préfecture. Les expertises ordinaires, elles-mêmes, donnent lieu, en cas de désaccord, à une tierce expertise au cours de laquelle les opinions des premiers experts sont discutées et rectifiées, s'il y a lieu, par le tiers expert. C'est là un principe général de droit que personne n'a jamais contesté. Pourquoi donc procéderait-on autrement en la matière spéciale qui nous occupe? Peut-on résoudre les difficultés de fait que soulèvent les rapports de la commission des logements insalubres par un autre moyen qu'en les soumettant à un arbitrage, qu'en ayant aussi recours en cette matière, à une expertise faite au point de vue de la juridiction qui est compétente pour l'ordonner? Ce point de vue n'est d'ailleurs presque jamais celui auquel s'est placée la commission des logements insalubres, trop absorbée par le souci un peu exclusif de l'hygiène et de la salubrité pour apercevoir les intérêts si complexes et d'aspects si différents engagés dans les affaires dont elle a l'examen ou, du moins, pour en tenir grand compte. C'est là ce qui justifie une fois de plus l'expertise ordonnée par le conseil de préfecture.

Reste l'objection des frais occasionnés par les expertises. Le conseil d'État n'a pas dit par qui ces frais devaient être supportés. Ils sont ordinairement peu considérables ; mais, quelle que soit leur quotité, la situation spéciale de la commune qui ne peut être considérée comme une partie en cause, le silence de la loi et de la jurisprudence ne permettent pas de les faire supporter, même en cas d'annulation de la délibération et malgré les considérations d'équité que l'on peut invoquer, à d'autres qu'aux demandeurs, qui, en créant le litige, ont rendu nécessaires les moyens d'instruction ordonnés en vue de le vider.

IL SERAIT DÉSIRABLE QUE LA COMMISSION PUT VISITER D'OFFICE ET SANS ATTENDRE D'Y ÊTRE INVITÉE.

L'article 3 de la loi du 13 avril 1850 dispose que la commission visitera les lieux « signalés » comme insalubres. Il résulte de ce texte que la commission ·doit attendre pour agir qu'elle y soit invitée par une plainte, verbale ou écrite, anonyme ou signée. De là une grande inégalité dans la répression. On se montre très-sévère à l'égard de certains propriétaires, souvent dénoncés par des locataires évincés ou pour des motifs quelconques de malveillance et de vengeance ; et, dans la même rue, d'autres propriétaires, qui violent ouvertement les principes les plus élémentaires de l'hygiène, échappent à l'action de la commission et laissent subsister des foyers d'infection à côté de maisons rigoureusement assainies.

Si l'on veut remédier à cet abus, il faudrait non seulement autoriser, mais prescrire les visites d'office et créer une organisation toute différente de celle qui fonctionne aujourd'hui. Pour visiter quartier par quartier, rue par rue, une grande ville comme Paris (1) une commission de trente membres est absolument insuffisante. Il faudrait nommer des visiteurs de quartier, domiciliés peut-être dans des quartiers autres que ceux dont ils seraient chargés, donner à ces visiteurs des pouvoirs spéciaux et les considérer comme les référendaires de la commission centrale (2). Mais on ne peut oublier que Paris renferme quatre-vingt quartiers ; que les moins populeux n'exigeraient pas moins de vingt visiteurs ; que ceux où la population est dense en demanderaient un nombre double ; qu'il s'agirait donc de mettre en mouvement 2 ou 3,000 visiteurs ayant la compétence et le zèle nécessaires pour procéder à des inspections minutieuses régulièrement renouvelées, et que ces excellentes précautions sanitaires ne seraient pas sans entraîner des charges considérables pour le budget municipal. Il s'agit donc, comme pour l'application de l'art. 13, relatif à l'assainissement d'office, de déterminer préalablement dans quelle mesure les communes peuvent supporter une pareille dépense.

L'idée, d'ailleurs, n'est pas aussi nouvelle qu'on pourrait le croire.

L'exposé des motifs de la loi du 24 mai 1864, modifiant l'art. 2 de la loi de 1850, dit que « les inspections n'ont pas été

(1) On cite en province un précédent qui semble concluant. A Lille, la commission des logements insalubres, autorisée par l'administration, a coutume de visiter d'office les maisons, quartier par quartier, et cet usage donne, paraît-il, les meilleurs résultats. (Rapport de la sous-commission, etc.)

(2) On pourrait sans doute utiliser pour un pareil service le zèle et l'expérience des visiteurs de l'Assistance publique que leurs fonctions conduisent journellement dans des quartiers dont presque tous les logements sont insalubres.

« aussi multipliées qu'elles auraient dû l'être dans les gran-
« des villes soumises à de nombreuses causes d'insalubrité
« et notamment à Paris depuis l'annexion des communes
« suburbaines. » A son tour, la commission du Corps législa-
tif chargée de l'examen de la loi pensait que la création d'un
plus grand nombre de commissions dans la même ville, à
chacune desquelles serait assignée une circonscription par-
ticulière, d'une étendue proportionnée aux services que
l'on en pouvait attendre, atteindrait mieux le but que l'augmentation du nombre des membres de la commission, pro-
posée par le nouveau projet de loi.

Le rapport faisait valoir, en ce qui concerne Paris, qu'a-
vant l'annexion, des commissions distinctes fonctionnaient
dans les communes suburbaines ; que, malgré le changement
de circonscription administrative, on pouvait établir des
circonscriptions de salubrité ; que cette division était d'autant plus logique que les causes d'insalubrité sont diverses
suivant les quartiers.

Le conseil d'État, chargé de l'examen préalable de la loi,
fit à ces propositions spécieuses une réponse péremptoire :
il répondit que la multiplicité des commissions produirait
des appréciations empreintes ici de sévérité, là d'indulgence
et qui, dès lors, se feraient plus difficilement accepter.

On donna cependant une sorte de satisfaction aux intentions de la Chambre en insérant dans la loi deux dispositions autorisant, l'une l'augmentation du nombre des
membres jusqu'à un maximum déterminé, l'autre, la multiplicité des commissions.

Dans la pratique, la première disposition annulait la se-
conde beaucoup plus difficile à appliquer.

Pour obtenir aujourd'hui à Paris un résultat satisfaisant,
il nous semble qu'il serait nécessaire de concilier les deux
systèmes : conserver l'unité de jurisprudence en nommant
une seule commission centrale, multiplier au contraire le
nombre des visiteurs-rapporteurs, proportionnellement à

celui des immeubles à assainir (1). Mais encore une fois, avant de toucher à l'organisation de la commission actuelle, il faudra préalablement résoudre la question financière et pourvoir à la dépense nécessitée par le fonctionnement des visiteurs.

En province, et les grandes villes mises à part, le problème paraît |plus simple. L'idée qu'émettait l'honorable M. Roussel sous forme d'amendement à l'art. 1er de la loi de 1850 et qui fut alors repoussée, pourrait être reprise sans inconvénients. Pour vaincre la profonde indifférence, déjà prévue à cette époque, des campagnes en matière d'insalubrité et pour venir à bout de l'inertie, de l'apathie des conseils municipaux, M. Roussel avait proposé de ne pas leur abandonner la mise en pratique de la loi nouvelle. Il voulait créer « dans chaque *canton* une commission pour l'assainissement des maisons et logements qui se trouvent, en « raison de leur insalubrité, dans des conditions propres à « porter atteinte à la vie ou à la santé de leurs habitants. » Cette commission cantonale, plus indépendante, moins inféodée aux intérêts de clocher et de personnes, aurait fonctionné sous la présidence du juge de paix, en prenant l'initiative de mesures devant lesquelles un conseil municipal de village reculera toujours. Donc, à cette époque, quelques bons esprits pressentaient déjà que le caractère exclusivement municipal de la loi en rendrait l'application impossible dans les campagnes, et songeaient à lui substituer une double organisation, l'une étudiée en vue des grandes villes et l'autre, plus simple, destinée à être appliquée aux communes rurales. L'expérience a démontré que cette distinction n'était point vaine. Un législateur prévoyant devra l'admettre en principe lorsqu'il aura à réviser le texte vieilli de la loi de 1850.

(1) Il ne faut pas oublier qu'à Londres, les inspecteurs chargés de la salubrité des garnis font, dans le seul district métropolitain, environ 130,000 visites par an. — (Rapport Dumesnil.)

LOGEMENTS LOUÉS EN GARNI.

Il nous reste à parler rapidement d'une question qui a une importance capitale dans les grandes villes et particulièrement à Paris. Il s'agit des logements loués en garni. La loi du 22 juillet 1791, organisant la police municipale, l'art. 475 du Code pénal et l'ordonnance du 15 juin 1832, les a placés sous la surveillance immédiate de la police qui y a obligatoirement ses entrées (1).

L'ordonnance de police du 20 novembre 1848 a fixé le nombre des lits des chambrées, en a réglementé la ventilation et a prononcé l'interdiction, à titre de chambre à coucher, des locaux humides ou privés d'air. L'ordonnance du 7 mai 1878 a renouvelé et aggravé ces prescriptions, à la suite d'un rapport fait au nom de la commission des logements insalubres par le docteur Dumesnil (2).

La loi du 13 avril 1850 entendait déjà, elle aussi, comprendre les logements garnis parmi ceux dont les commissions municipales auraient à poursuivre l'assainissement. Le choléra de 1832, pendant lequel, sur 954 maisons garnies, 499 avaient été atteintes, avait laissé de terribles souvenirs. Cependant la jurisprudence a d'abord refusé à la commission de Paris le droit de s'occuper de ces locations, mais elle n'a point persisté dans cette voie, et aujourd'hui elles

(1) Rapport de M. de Riancey sur la proposition de M. de Melun. (Loi du 13 avril 1850.)

(2) Toutefois, dans l'opinion de la commission des logements insalubres, le nouveau règlement renferme de regrettables omissions. Il n'a pas prescrit obligatoirement l'approvisionnement d'eau nécessaire aux soins de propreté et d'hygiène ; il n'a pas admis le minimum de hauteur des plafonds fixé par la commission et s'est borné à demander un cube d'air déterminé. Enfin, et c'est le plus grave reproche que l'on puisse lui adresser, le nouveau règlement n'a pas encore *été appliqué depuis trois ans !* (Rapport de la sous-commission, etc.).

se trouvent placées à la fois sous la surveillance du préfet de police et sous celle du conseil municipal.

Ce double contrôle ne produit pas les heureux résultats qu'on en avait attendus. La statistique de 1876 indique qu'à cette époque les logements garnis des deux dernières catégories abritaient 200,000 individus. Depuis lors, ces logements se sont accrus dans une proportion considérable et, bien qu'aucun chiffre ne soit fourni à cet égard, il est permis de penser que le nombre de leurs locataires a augmenté d'un tiers environ. C'est donc une population de 300,000 âmes, appartenant à la classe ouvrière, et presque indigente, qu'il s'agit de défendre contre les affections qu'engendrent les habitations insalubres.

Si les ordonnances de police, si les efforts de la commission municipale sont impuissants, et si l'hygiène des logements garnis ne s'améliore pas sensiblement, c'est probablement parce que les compétences similaires engendrent des conflits dans lesquels se lassent le zèle et le dévouement des administrations parallèles. Le législateur pourrait donc encore ici, en intervenant d'une manière définitive, préciser les cas, définir les pouvoirs et imposer des obligations plus étroites aux fonctionnaires chargés d'appliquer les règlements.

Il est inutile d'insister sur l'importance de la question dont nous venons de résumer les principaux éléments. Les recensements et dénombrements constatent, nul ne l'ignore, que l'accroissement de la population en France est presque insensible, si on le compare à celui des autres nations européennes. Cette infériorité tient à coup sûr à la stérilité des mariages, mais elle tient aussi aux maladies épidémiques et contagieuses qui déciment les populations ouvrières et qui font mourir dans de si lamentables proportions les enfants du premier âge.

Assainir les logements insalubres est donc une question capitale, presque une question vitale pour le pays. Ce ne sont plus seulement les considérations d'humanité qu'il convient d'invoquer ici ; il s'agit d'un objet plus haut encore. Il faut arrêter la dépopulation, il faut empêcher « que dans « certains quartiers de nos villes, des familles naissent, « vivent et meurent dans des conditions analogues à celles « des animaux (1), » et que les maladies engendrées par les logements insalubres ne se reproduisent dans la cité sous la forme terrible des épidémies.

Mais il faut aussi arrêter le développement des statistiques criminelles en supprimant une des causes qui les alimentent. Si, comme on l'a dit : « Telle est la maison, tel est « le peuple ; » s'il est vrai que « sans un logement propre, « aéré, sain, il n'est pas de famille possible, si le père et la « mère, prenant le logis en dégoût, s'en éloignent, pour « aller passer leur temps dans des lieux immondes, si les « enfants suivent leur exemple et vagabondent dans les « rues ; » s'il est vrai qu'on évalue à cent mille le nombre des enfants qui grandissent sans avoir souvent d'autres ressources que de commettre un délit pour se faire arrêter par la police, il faut reconnaitre que les logements insalubres, ou plutôt ceux qui les tolèrent, assument une terrible responsabilité.

La chambre semble l'avoir compris. Un projet de loi dû à l'initiative de M. Martin Nadaud, député de la Creuse vient d'être déposé. Quelques-uns des inconvénients que nous avons signalés y sont prévus, mais il nous semble que l'on pourrait prévoir davantage, et lutter par des prescriptions plus directes et plus efficaces — contre la négligence et la malpropreté des locataires dans les villes, contre l'inertie des campagnes, contre l'indifférence ou l'avarice des propriétaires (2).

(1) Projet de loi de M. Martin Nadaud. — Exposé des motifs annexé au procès-verbal de la séance du 9 décembre 1881.

(2) Le projet de loi de M. Nadaud, dû à l'inspiration la plus généreuse, a, sur la loi de 1850, l'avantage de rendre *obligatoire* le fonctionne-

C'est une grande question que celle des habitations ouvrières dans son ensemble, une grande pensée que celle d'amener progressivement l'ouvrier à la propriété d'une maison isolée, c'est-à-dire à la moralité, à la dignité, à la famille; une grande œuvre que de favoriser toutes les associations qui construisent des groupes de petites maisons susceptibles d'être louées et surtout vendues par d'ingénieuses combinaisons d'amortissement aux plus humbles fortunes. La possession d'un champ et d'une habitation, même bien

ment des commissions des logements insalubres; il énumère ce qu'on entend par dépendances; il applique la loi au propriétaire habitant son immeuble; il autorise les communes à indemniser de leurs soins les membres des commissions. Le projet de loi que je me permets de formuler réalise lui aussi ces améliorations.

Mais le projet de M. Nadaud n'est-il pas inapplicable dans les communes rurales? La commission, qui serait instituée, comme il le propose, dans une petite commune, ne fonctionnera pour ainsi dire jamais; les intérêts y sont trop rapprochés. La création *facultative* de commissions collectives, de sortes de syndicats de communes, en vue de l'assainissement, paraît également d'une réalisation douteuse. C'est ici qu'il faut imposer la réforme et, par l'intermédiaire d'un magistrat, la créer de toutes pièces au chef-lieu du canton, point suffisamment éloigné des communes intéressées pour que la commission y conserve toute son indépendance.

Nous n'apercevons pas assez dans le projet de loi de M. Nadaud comment les opérations des commissions se suivent, s'enchaînent et s'achèvent. Les difficultés d'administration ou de procédure n'y sont pas prévues. Les garanties données aux contrevenants sont insuffisantes.

Réduire le Conseil de préfecture au simple examen des vices de forme, c'est, en outre, mettre les justiciables sous l'action sans contrepoids des commissions des logements insalubres. Dans les grandes villes, elles abuseront de leur pouvoir en poussant à l'extrême les moyens d'améliorations et de progrès hygiéniques, au grand dommage des propriétaires, et sans que la santé publique y gagne beaucoup. — Dans les campagnes, ces commissions deviendraient des assemblées exclusives qui surexciteraient toutes les rivalités et toutes les passions locales et seraient une cause permanente de divisions.

humble, par le paysan, résultat de sa forte passion pour l'épargne et la prévoyance, a déjà résolu bien des problèmes de conservation sociale. Faire participer peu à peu, dans la mesure du possible, l'ouvrier des villes à ce double bienfait, est le devoir comme l'intérêt de la société tout entière. Mais, en attendant que le progrès toujours lent de l'œuvre-maîtresse se réalise, il y a une entreprise plus modeste, non moins nécessaire cependant et plus urgente encore, c'est celle qui consiste à améliorer sérieusement la demeure actuelle du paysan et de l'ouvrier.

Les moyens de coërcition adoptés par M. Nadaud sont trop rigoureux. L'intervention du commissaire de police pour l'évacuation des logements insalubres n'est-elle pas de surérogation ? Dans les cas d'urgence, les lois de police générale suffisent pour justifier l'intervention du magistrat ; dans les autres cas, l'amende, sévèrement appliquée, est une pénalité efficace.

Un raisonnement analogue montrerait le danger de l'intervention des tribunaux correctionnels appliquant la *prison* à l'inexécution des travaux dans les délais déterminés par la loi. Ici encore l'amende suffirait.

M. Nadaud applique enfin aux communes qui ne se conformeraient pas aux dispositions du législateur en matière de logements insalubres une amende qui peut s'élever à 1.000 francs. Il nous semble que cette prescription est encore excessive. Les plus petites communes, qui sont aussi les plus nombreuses et les moins édifiées sur l'intérêt collectif de la question, seraient le plus durement frappées.

D'ailleurs, ne faudrait-il pas, pour arriver au paiement de l'amende de 1,000 francs, imposer d'office certaines communes dont le budget total atteint à peine cette somme ?

PROJET DE LOI

RELATIF A L'ASSAINISSEMENT DES LOGEMENTS INSALUBRES.

TITRE Ier

DES LOGEMENTS ET HABITATIONS INSALUBRES.

ART. 1er. — La présente loi comprend, sous la dénomination de logements et habitations, tous les locaux affectes à l'habitation et leurs dépendances.

ART. 2. — Les dépendances s'entendent des cabinets d'aisances, des loges de concierge, couloirs, escaliers, passages, courettes, cours, remises, écuries, étables, chenils, jardins, puits, mares et voies privées.

ART. 3. — Sont réputés insalubres les logements ou habitations qui se trouvent dans des conditions de nature à porter atteinte à la vie ou à la santé soit de leurs habitants, soit des habitants des maisons attenantes ou voisines.

ART. 4. — L'insalubrité peut être inhérente à l'immeuble; elle peut aussi résulter de l'abus de jouissance du locataire ou de l'occupant. Dans ce dernier cas, les mesures prescrites et les amendes prononcées seront à la charge du propriétaire, sauf son recours contre le locataire.

ART. 5. — Le locataire-constructeur sera considéré comme propriétaire en ce qui touche les travaux d'assainissement à exécuter dans les constructions qu'il a élevées et comme locataire pour tous les autres travaux d'assainissement.

3.

TITRE II

DE LA COMMISSION MUNICIPALE DES LOGEMENTS INSALUBRES.

ART. 6. — Dans chaque commune de plus de 3,000 habitants, et en tous cas dans tous les chefs-lieux de départements, d'arrondissement et de canton, quel que soit le chiffre de leur population, les conseillers municipaux convoqués extraordinairement, soit avant, soit après les sessions ordinaires, et sans qu'il soit besoin d'autorisations spéciales, nommeront une commission chargée de rechercher et d'indiquer les mesures d'assainissement des locaux ou habitations insalubres et de leurs dépendances.

Cette nomination devra être faite dans les trois mois qui suivront la promulgation de la présente loi.

ART. 7. — La commission se composera de neuf membres au plus et de cinq au moins (y compris le président).

En feront nécessairement partie un médecin et un architecte ou, à leur défaut, un officier de santé ou un vétérinaire et un agent-voyer ou un entrepreneur de travaux.

La présidence appartiendra au maire ou à l'adjoint. Elle pourra être déléguée à un conseiller municipal.

La commission sera renouvelée tous les deux ans par tiers. Les membres sortants seront indéfiniment rééligibles.

A Paris, la commission se compose de trente membres.

ART. 8. — La commission fera visiter par un ou plusieurs de ses membres, ou, lorsque l'importance de l'agglomération le justifiera, par des visiteurs *ad hoc,* nommés par le maire, sur la présentation du Conseil municipal et dont le nombre n'est pas limité, les locaux ou habitations et dépendances, signalés comme insalubres.

La commission visitera aussi d'office par l'intermédiaire de ses membres titulaires ou de ses visiteurs, une fois tous les trois ans, chacun des locaux ou habitations situés dans la commune.

ART. 9. — Les membres de la commission municipale et les visiteurs peuvent, s'il y a lieu, recevoir une indemnité ou des jetons de présence ou de visite, imputables sur un crédit ouvert au budget municipal.

TITRE III

DE L'INTERVENTION DU CONSEIL MUNICIPAL.

ART. 10. — Le rapport présenté, soit par le visiteur, soit par le membre délégué, et approuvé par la commission, ou le rapport présenté par la commission elle-même, sera transmis sans délai au secrétariat de la mairie. Les intéressés seront immédiatement mis en demeure par lettre chargée adressée à leur domicile, ou au parquet, conformément à l'art. 69 du code de procédure civile, d'en prendre communication et de produire leurs observations dans le délai de quinze jours.

ART. 11. — A l'expiration de ce délai, les rapports et observations seront remis au Conseil municipal qui déterminera : 1° Les travaux d'assainissement de toute nature jugés indispensables et les lieux où ils devront être exécutés, ainsi que les délais de leur achèvement ;

2° Les habitations qui ne sont pas susceptibles d'assainissement.

ART. 12. — La délibération du Conseil municipal sera rendue exécutoire par le maire et notifiée par lui dans le plus bref délai.

En cas de recours au Conseil de préfecture ou de pourvoi au Conseil d'État, l'exécution de l'arrêté ou de l'arrêt sera aussi poursuivi par le maire.

ART. 13. — Lorsque l'exécution de la présente loi entraînera la résiliation des baux, cette résiliation n'emportera, en faveur du locataire, aucuns dommages-intérêts.

ART. 14. — S'il est reconnu que les locaux ne sont pas susceptibles d'assainissement, le maire pourra, provisoirement et pour un délai déterminé, en interdire l'habitation.

ART. 15. — Lorsque l'insalubrité résultera de causes qui ne peuvent être détruites que par des travaux d'ensemble, la commune dans laquelle seront situés les locaux ou habitations insalubres, devra acquérir la totalité des propriétés comprises dans le périmètre des travaux. Elle pourra même recourir pour cette acquisition à l'expropriation dans les formes prévues par la loi du 3 mai 1841.

ART. 16. — En cas d'insuffisance des revenus communaux, l'Etat et le département pourront accorder des subventions proportionnelles à la dépense. Si une commune, disposant de ressources ordinaires ou extraordinaires suffisantes, refusait d'acquérir les immeubles déclarés indispensables à l'assainissement, il serait procédé conformément au § 4 de l'art. 39 de la loi du 18 juillet 1837 ;

Les portions de propriétés qui, après l'assainissement opéré, resteraient en dehors des alignements arrêtés pour les nouvelles constructions, pourront être revendues aux enchères publiques, sans que, dans ce cas, les anciens propriétaires ou leurs ayant-droit, puissent réclamer le bénéfice des art. 60 et 61 de la loi du 3 mai 1841.

ART. 17. — Les ouvertures pratiquées pour l'exécution des travaux d'assainissement seront exemptées pendant trois ans de la contribution des portes et fenêtres.

Le bénéfice de l'art. 10 de la loi du 4 germinal an XI, exemptant les manufactures de la contribution des portes et fenêtres, dans l'intérêt de la santé du grand nombre d'ouvriers qui y travaillent, est étendu aux usines, aux ateliers et aux bureaux.

ART. 18. — Pour les communes autres que celles mentionnées dans l'art. 6, il sera procédé conformément aux titres IV et V ci-après.

TITRE IV.

DE LA COMMISSION CANTONALE DES LOGEMENTS INSALUBRES.

ART. 19. — Dans les six mois qui suivront la promulgation de la présente loi, les conseils généraux nommeront, sur des listes présentées par les juges de paix de chaque canton, des commissions cantonales chargées de rechercher et d'indiquer les mesures d'assainissement des locaux ou habitations insalubres et de leurs dépendances.

ART. 20. — Elles se composeront de treize membres au plus, et de neuf au moins (y compris le Président).

Un médecin et un architecte, ou à défaut un officier de santé ou un vétérinaire et un agent-voyer ou un entrepreneur de travaux, en feront nécessairement partie.

La présidence appartiendra au juge de paix. Elle pourra être déléguée à son suppléant.

La Commission sera renouvelée tous les deux ans par tiers ; les membres sortants seront indéfiniment rééligibles.

ART. 21. — La Commission fera visiter, par un ou plusieurs de ses membres, ou, lorsque les distances et les difficultés de communication le justifieront, par des visiteurs *ad hoc*, nommés par le juge de paix sur la présentation de la Commission elle-même, et dont le nombre n'est pas limité, les locaux ou habitations et dépendances signalés comme insalubres.

La Commission visitera aussi d'office, par l'intermédiaire de ses membres titulaires ou de ses visiteurs, une fois tous les cinq ans, chacun des locaux ou habitations situés dans le canton.

Les membres de la Commission cantonale et les visiteurs peuvent, s'il y a lieu, recevoir une indemnité ou des jetons de présence ou de visite, imputables sur un crédit ouvert au budget départemental et représentant un fonds commun formé de cotisations municipales réparties entre les communes au prorata des visites opérées.

TITRE V.

DE L'INTERVENTION DE LA COMMISSION DÉPARTEMENTALE.

ART. 22. — La Commission départementale instituée par le titre VI de la loi du 10 août 1871 a, en ce qui touche les décisions de la Commission cantonale, les mêmes attributions que le Conseil municipal en ce qui touche les décisions de la Commission municipale.

ART. 23. — Les attributions conférées au Maire par les art. 10, 11, 12, et 14 seront exercées par le Préfet.

Sont applicables aux décisions de la commission cantonale des logements insalubres et à celles de la commission départementale les art. 10, 11, 12, 13, 14, 15, 16 et 17.

TITRE VI.

DES VOIES DE RECOURS.

ART. 24. — Un recours devant le Conseil de préfecture est ouvert aux intéressés contre les délibérations des Conseils municipaux et de la commission départementale dans le délai de quinze jours à partir de la notification de l'arrêté du maire ou du préfet qui a rendu exécutoires ces délibérations.

ART. 25. — En cas d'interdiction provisoire, le même recours est ouvert aux intéressés dans le délai d'un mois à partir de la notification de l'arrêté du maire ou du préfet qui aura prononcé l'interdiction. Ces recours seront suspensifs.

Art. 26. — Le Conseil de préfecture sera tenu de statuer dans le délai d'un mois à partir du dépôt de la requête au greffe. Lorsque le Conseil ordonnera l'expertise, ce délai sera porté à trois mois. Il sera procédé à cette opération par un ou trois experts désignés par le Conseil.

S'il n'a pas été statué dans ces délais, la requête sera considérée comme admise.

Art. 27. — Dans les deux cas prévus aux art. 24 et 25, les intéressés pourront se pourvoir devant le Conseil d'État.

TITRE VII.

DES PÉNALITÉS.

Art. 28. — En cas d'inexécution dans les délais déterminés des travaux jugés nécessaires (art. 11) le propriétaire ou l'usufruitier sera déféré au tribunal correctionnel qui prononcera une amende de cinquante à mille francs.

Si les travaux n'ont pas été exécutés dans l'année qui aura suivi la condamnation, le propriétaire ou l'usufruitier pourra être condamné à une amende égale à la valeur des travaux et susceptible d'être élevée au triple et qui, en aucun cas, ne pourra être inférieure à cent francs ni supérieure à deux mille.

Art. 29. — Le propriétaire ou l'usufruitier qui aura contrevenu à l'interdiction prononcée par le Conseil de préfecture et confirmée, en cas de recours, par le Conseil d'État, sera condamné à une amende de cinquante à mille francs;

En cas de récidive dans l'année de l'interdiction, cette amende pourra être portée au triple de la valeur locative du logement interdit et, en aucun cas, ne pourra être inférieure à cent francs ni supérieure à deux mille.

Art. 30· — Les amendes prononcées en vertu de la présente loi, seront attribuées, à Paris, à l'administration de l'assistance publique, dans les départements au bureau ou à l'établissement de bienfaisance de la commune où sont situés les locaux ou habitations à raison desquels ces amendes auront été encourues ; ou à la commune elle-même, pour le montant en être appliqué à des œuvres d'assistance publique, s'il n'existe aucun établissement de bienfaisance ayant un caractère communal.

Lorsque la commune possèdera plusieurs bureaux ou établissements de bienfaisance, le montant des amendes sera réparti également entre ces divers établissements (1).

(1) Le projet de loi ci-dessus. notamment dans les articles 3, 6, 8, 9, 10, 11, 12, 13 14, 25, 26, 29, 30 et 31, reproduit, en les adaptant aux réformes proposées, les dispositions de la loi du 13 avril 1850.

APPENDICE [1]

Dans cet appendice, qui est une revue sommaire de la jurisprudence, nous avons cité surtout les arrêtés du conseil de préfecture de la Seine, parce que les recours en matière de logements insalubres ont été depuis trente-deux ans portés presque exclusivement devant ce conseil.

Nous avons cité aussi, à leur date, les rares arrêts du conseil d'État, intervenus sur pourvois, et fixant définitivement quelques points importants.

Toutes ces décisions ont été classées dans l'ordre des matières de notre projet de loi. Elles correspondent, comme on le verra, aux titres I, II III et VI. Les titres IV et V, ne renfermant que des prescriptions nouvelles, ne se rapportent pas et ne pouvaient rien emprunter à l'ancienne jurisprudence.

Nous avons analysé les plus importantes décisions citées dans ce relevé. Il nous a semblé que certaines espèces méritaient un commentaire et qu'en tout cas un sommaire juridique naturellement aride, ne perdrait rien à être encadré de faits et éclairé par des exemples.

JURISPRUDENCE

A L'APPUI DU PROJET DE LOI.

TITRE Ier.

DES LOGEMENTS ET HABITATIONS INSALUBRES.

La loi sur les logements insalubres s'applique à tous les logements riches ou pauvres sans distinction. — Arrêté du 8 août 1866. — Lalou (2).

(1) Nous devons ici adresser tous nos remerciements au distingué secrétaire-greffier du Conseil de Préfecture de la Seine, M. Léon Garnier.

Pour la préparation de cet appendice, comme pour toutes les recherches techniques nécessaires à notre travail, sa compétence spéciale, son érudition nous ont été d'une grande utilité.

(2) La première difficulté d'interprétation que devait soulever à Paris

Les salles à manger font partie des logements. — Arrêt du 6 août 1878. — Navarron — (Conseil d'État) (1).

La loi de 1850 s'applique aux loges de concierges : 1° Arrêt du 27 juillet 1859. — Leblanc ; 2° arrêt du 3 décembre 1864. — Roux-Sallard. — (Conseil d'État) (2).

On peut prononcer l'interdiction d'habitation d'une loge de concierge en la limitant à la nuit seulement. — Arrêt du 3 décembre 1864. — Roux-Sallard. — (Conseil d'État) (3).

Dépendances insalubres (corridors, escaliers, cours, remises, passages communs à plusieurs immeubles, etc., — Arrêté du 6 décembre 1865.— Hamot (4).

l'application de la loi de 1850 aurait dû porter sur la définition même du mot *logement*. Le conseil de Préfecture de la Seine n'a pourtant été saisi de cette question qu'en 1866. Le mot : logement désigne, en effet, dans la langue de Paris, les locaux destinés aux ouvriers, par opposition à l'*appartement* destiné a la location bourgeoise. La définition restrictive et toute locale sur laquelle s'appuyait la réclamation, n'a pas été admise par le Conseil de Préfecture. Il a décidé que la loi du 13 avril 1850 n'avait pas seulement pour but de remédier à l'état d'insalubrité des logements des ouvriers et de la classe pauvre, mais qu'elle s'appliquait indistinctement, et le Conseil d'État a confirmé cette doctrine implicitement, à toute habitation mise en location ou occupée par d'autres que le propriétaire, l'usufruitier ou l'usager. Il a été jugé en outre que le mot : *logement*, employé dans la loi, était un mot générique, applicable à tout local loué en vue d'habitation, quel que fût le prix du bail.

(1) V. la note ci-dessus.

(2) *Ibid*.

(3) *Ibid*.

(4) La commission instituée par l'article 1er de la loi du 13 avril 1850, est chargée de rechercher et d'indiquer les mesures indispensables à l'assainissement des logements et *dépendances* insalubres. La distinction est souvent délicate. Quelles sont ces dépendances ? Jusqu'à quel point se rattachent-elles à l'immeuble dont le propriétaire est rendu responsable de leur salubrité ? Lorsque les cours, les passages communs, par exemple, sont des causes d'insalubrité pour les maisons riveraines, la commission peut à bon droit se préoccuper de les assainir ; le Préfet de police n'a pas à intervenir. Bien qu'elle soit encore controversée en ce qui concerne les rues et ruelles, cette question nous semble avoir été tranchée par l'avis rendu par le conseil d'Etat, toutes les sections réunies, le 9 juin 1870, et dont voici le principal considérant : « En ce qui concerne plus spécialement le conflit

Les voies privées d'une certaine nature ne sont pas considérées comme des dépendances dans le sens de la loi de 1850. — Arrêt du 25 juillet 1873. — Ségot et autres. — (Conseil d'État) (1).

Les travaux d'assainissement prescrits par le Conseil municipal sont exigibles seulement pour les locaux mis en location : 1° Arrêté du 13 juillet 1875. — Dames Debière et Benard, par Denouilles ; 2° du 12 avril 1876. — Bilco.

Le Conseil de préfecture ne peut interdire à un propriétaire d'habiter une maison insalubre, même non susceptible d'assainissement. — Arrêt du 29 décembre 1858. — Courmont. — (Conseil d'État.).

Insalubrité non dépendante du fait du propriétaire ou de l'usufruitier. — Jouissance abusive du locataire :

1° Arrêté du   9 mars 1864. — Delaplace ;
2°   —   du 10 novembre 1868. — Dame F... ,
3°   —   du 16 décembre 1868. — Sieur F... ;
4°   —   du 17 février 1869. — Veuve Bouyonnet ;
5°   —   du 30 juin 1869. — Veuve d'Estournelles ; .
6°   —   du 11 janvier 1870. — Brunot ;
7°   —   du 31 octobre 1871. — Wiesen ;
8°   —   du 22 avril 1874. — Tourseiller ;
9°   —   du 15 juillet 1874. — De Chateaubriand ;
10° - —   du 23 février 1876. — Thuilleux ;
11°   —   du 26 juin 1878. — Barrault ;

« élevé entre le préfet de la Seine, comme représentant du Conseil muni-
« cipal de Paris, et le préfet de police, à propos de l'assainissement de la
« rue dépendant de la villa Saint-Michel ; — Considérant que d'après la
« discussion qui a précédé l'adoption de la loi de 1850 sur les logements
« insalubres, on doit entendre par le mot *dépendances*, mentionné dans
« l'art. 1er de cette loi, tous les lieux et dépendances quelconques annexés
« aux locaux habités et dont l'usage est ou particulier ou commun aux
« locataires, tels que les cours, passages, allées et notamment *les rues et*
« *ruelles* ; — qu'à ce titre la rue de la villa Saint-Michel est incontestable-
« ment une dépendance de cet immeuble et constitue une voie privée... »

Les escaliers, les corridors communs rentrent aussi dans la catégorie des dépendances qui peuvent devenir insalubres pour les logements des locataires voisins, et sur lesquelles peut s'exercer la surveillance de la commission.

(1) V. la note ci-dessus.

12° — du 18 février 1880. — Minoret :

13° — du 17 mars 1880. — Calmann-Lévy (1).

L'incommodité ou le péril ne sont pas des causes d'insalubrité :

1° Arrêté du 5 février 1873. — Itasse ;

2° — du 18 juin 1873. — Châtel ;

3° — du 13 mars 1877. — Debrou ;

4° — du 20 juin 1877. — De Lambert ;

5° — du 3 avril 1878. — Satias ;

6° — du 26 juin 1878. — Barrault (2).

Toutes contestations entre le propriétaire et le locataire, au sujet de l'exécution du contrat de louage, ne sont pas de nature à motiver l'ap-

(1) Le législateur de 1850 a prétendu ne pas atteindre l'abus de jouissance du locataire, abus que les lois de police générale et de salubrité semblaient suffire à réprimer. Le propriétaire est donc seul responsable, mais il l'est seulement des causes d'insalubrité inhérentes à son immeuble. Un locataire, dans l'espèce un boulanger, en ramonant la cheminée de son four couvre le voisinage de suie, de fumée et de flammèches ; c'est là une jouissance évidemment abusive qui peut provoquer l'application des règlements de police, mais à l'occasion de laquelle le Conseil municipal ne saurait prescrire des travaux en vertu de la loi sur les logements insalubres. Un autre locataire, un épicier, brûle du café dans une remise contiguë à sa boutique et remplit le voisinage d'âcres parfums. Le Conseil municipal, considérant ces émanations comme insalubres, prescrit au propriétaire d'établir, au-dessus du fourneau de la remise, une hotte de dimension suffisante munie d'un tuyau avec tirage assuré. Le conseil de préfecture annule la délibération, car la remise n'est point insalubre par elle-même ; c'est l'usage abusif que le locataire en fait qui la rend incommode aux autres locataires. Les émanations du café fussent-elles dangereuses et même toxiques, l'intervention du Conseil municipal ne serait pas mieux justifiée et ce serait méconnaître le texte et l'esprit de la loi de 1850 que de lui reconnaître le droit d'ordonner dans ce cas des travaux d'assainissement L'administration, au moins en droit, demeure armée, nous l'avons dit, de pouvoirs de police suffisants pour faire cesser l'abus et c'est à tort que l'on prétend appliquer régulièrement dans ce cas la loi sur les logements insalubres.

(2) V. la note ci-dessus.

plication de la loi de 1850. — Arrêt du 6 mars 1869. — Aucher Lemaignen. — (Conseil d'État) (1).

Une convention, intervenue entre le propriétaire et le locataire, et par laquelle ce dernier accepte l'état d'insalubrité des lieux loués, ne peut faire obstacle à l'action de l'administration contre le propriétaire en vue de l'assainissement des locaux occupés. — Arrêté du 13 juillet 1869.

Constructions élevées par le locataire sur le terrain du propriétaire :

1° Arrêté du 15 décembre 1863. — De Madre ;
2° — du 7 février 1872. — Moynet ;
3° — du 19 février 1879. — Trappe.

Le propriétaire du sol est propriétaire des constructions élevées par son locataire. — Arrêt du 7 avril 1865. — De Madre. — Conseil d'État.

L'insalubrité inhérente à l'immeuble peut seule motiver l'application de la loi de 1850. — Arrêt du 9 janvier 1868. — Dame Riché.

TITRE II

DE LA COMMISSION MUNICIPALE DES LOGEMENTS INSALUBRES.

La commission n'est pas tenue de visiter par elle-même et en présence des parties intéressées les logements signalés comme insalubres :
1° Arrêté du 8 août 1866. — Lalou.
2° — du 21 mai 1879. — Grenon (2).

(1) Si le propriétaire et le locataire sont en désaccord sur l'interprétation des baux et contrats de louage, c'est aux tribunaux ordinaires à connaître du litige, et à prononcer, s'il y a lieu, la résiliation prévue par l'article 11 de la loi de 1850.

(2) La commission n'est pas tenue de visiter par elle-même et en présence des parties intéressées les logements signalés comme insalubres. Il suffit en effet que les parties aient été mises à même de prendre communication du rapport de la commission. Ce rapport rédigé par le membre chargé de visiter les lieux litigieux est lu à la commission qui le modifie, s'il y a lieu, qui finalement le rejette ou l'approuve et qui par conséquent l'a fait sien lorsqu'elle en ordonne la communication à l'intéressé. La visite des lieux litigieux, rendue obligatoire pour une commission de trente membres, offrirait les plus graves inconvénients et entraverait complètement l'instruction des affaires. Ce n'est pas que les rapporteurs négligent de s'éclairer en s'adressant aux lumières spéciales de leurs collègues. Si le membre chargé

Le rapport de la commission des logements insalubres n'est, pour le Conseil municipal, qu'un moyen d'instruction. — Arrêté du 6 décembre 1865. — Hamot.

TITRE III

DE L'INTERVENTION DU CONSEIL MUNICIPAL.

La délibération du Conseil municipal doit indiquer avec précision les causes de l'insalubrité et les moyens d'y remédier. — Arrêté du 16 juin 1866. — Audiffret (1).

Le Conseil municipal peut prescrire des mesures qui ne lui sont pas proposées par la commission des logements insalubres. — Arrêté du 6 décembre 1865. — Hamot (2).

du rapport est un architecte et que, pendant le cours de sa visite, il reconnaisse la nécessité de la venue sur place d'un médecin ou d'un chimiste, il remet son examen à un autre jour et revient avec ses collègues Mais il y a loin de ce moyen logique et raisonnable d'information à la prétention irréalisable, formulée par les intéressés, dans les espèces que nous venons de citer. Le mot « visitera » inscrit dans la loi doit donc s'entendre d'une visite faite par un ou plusieurs membres représentant la commission.

(1) Aux termes de la loi du 13 avril 1850, la commission ne doit pas seulement déterminer l'état d'insalubrité des habitations qu'elle a visitées ; elle doit encore indiquer les causes de cette insalubrité et les moyens d'y remédier. — Lorsque les causes sont simplement signalées comme « probables » et qu'en raison de l'impossibilité de préciser l'origine des odeurs malsaines on se borne à prescrire des travaux dans « l'espoir » qu'ils feront disparaître les inconvénients signalés, les conditions prescrites par l'art. 3 de la loi ne sont point remplies et le Conseil municipal s'est fondé à tort sur de simples hypothèses pour prescrire des travaux dont l'efficacité, de son propre aveu, n'est nullement démontrée.

La loi de 1850 étant, dans une certaine mesure, restrictive des droits de propriété, ne saurait être appliquée qu'avec réserve et ne peut l'être par le juge du droit que sous les conditions et les garanties qu'elle détermine. Il serait donc contraire au texte et à l'esprit de cette loi d'imposer à un propriétaire des travaux quelquefois onéreux, sans avoir soigneusement constaté les véritables causes de l'insalubrité et, par suite, l'efficacité des moyens proposés pour y remédier.

(2) La loi confère aux Conseils municipaux le droit de prescrire indistinctement tous les travaux propres à faire cesser l'état d'insalubrité des logements mis en location. Il en résulte que ces Conseils peuvent vala-

La compétence du Conseil municipal s'étend à toutes les causes d'insalubrité, même dans les maisons dont les plans ont été approuvés par l'administration, et notamment à l'insalubrité résultant de l'absence ou de l'insuffisance de privés.

1° Arrêté du 1er février 1865. — Vincent ;
2° — du 8 février 1865. — Gonod d'Artemarre ;
3° — du 6 décembre 1865. — Hamot ;
4° — du 6 juin 1866. — dame Riché ;
5° — du 30 juin 1869. — Veuve d'Estournelles ;
6° — du 13 juillet 1869. — Sr M.....;
7° — du 7 janvier 1874. — Mondière ;
8° — du 22 avril 1874. — Tourseiller ;
9° — du 17 mars 1875. — Veuve Chauvelot ;
10° — du 4 juillet 1876. — dame Pointurier ;
11° — du 20 juin 1877. — de Lambert ;
12° — du 26 juin 1877. — Bayvet ;
13° — du 6 avril 1878. — Noël ;
14° — du 11 décembre 1878. — dame Fernet ;
15° — du 21 mai 1879. — Grenon ;
16° — du 18 février 1880. — Minoret ;
17° — du 27 avril 1880. — de Narcillac ;
18° — du 12 mai 1880. — Paignon (1).

blement ordonner telles mesures qui leur semblent nécessaires lors même qu'elles n'ont pas été proposées par la commission des logements insalubres, dont le rapport est avant tout un moyen d'instruction, et n'oblige point le Conseil municipal.

(1) L'approbation des plans par l'administration, en vertu du décret du 27 juillet 1859, ne peut même faire obstacle à l'exercice du droit de contrôle confié par la loi aux Conseils municipaux.

L'insalubrité des cabinets privés, cause permanente d'infection des maisons pauvres, est aussi celle qui donne lieu aux rapports les plus nombreux et aux décisions les plus sévères. Le Conseil de préfecture a toujours strictement exigé que les travaux exécutés par les propriétaires, remédiassent complètement à l'insalubrité résultant de l'état ou de la situation des privés.

Il a constamment admis que le Conseil municipal pouvait prescrire la création des cabinets d'aisance, mais seulement quand leur absence était la cause de l'insalubrité de l'immeuble, et non quand elle était simplement

Le Conseil municipal ne peut prescrire des mesures étrangères à la salubrité. — Arrêté du 12 mai 1880. — Paignon (1).

Le Conseil municipal peut contraindre le propriétaire à fournir aux locataires l'eau nécessaire pour maintenir l'immeuble en état de propreté. — Arrêté du 28 juillet 1881. — Thuilleux (*décision implicite*). — Arrêt du 4 novembre 1881. — Minoret et Mondrel (Conseil d'État) (2).

une cause de gêne pour les locataires. Si ces derniers s'opposent alors a l'exécution des travaux d'assainissement et que ces travaux entraînent la résiliation d'un bail, les locataires dépossédés n'ont droit à aucune indemnité. C'est la stricte application de l'art. 11 de la loi du 13 avril 1850.

(1) Lorsque les travaux prescrits n'ont pas pour objet d'assainir l'immeuble, mais seulement de faire disparaître des traces d'un aspect désagréable, telles que celles de l'humidité, et n'ont pour motif que la décoration ou la mise en bon état des peintures ou des papiers, la jurisprudence refuse au Conseil municipal le droit de les faire exécuter.

(2) Cette question nous paraît avoir un intérêt de premier ordre, et quels que soient les tempéraments équitables que la juridiction administrative apporte ordinairement à l'interprétation des textes, et dont l'arrêt du Conseil d'Etat du 4 novembre 1881 fournit une nouvelle preuve, l'assainissement par l'eau appelle une modification dans la définition de l'insalubrité.

En s'en tenant à la lettre de la loi de 1850, qui n'admet que les causes d'insalubrité inhérentes à l'immeuble, lorsqu'un puits, par exemple, est une cause d'insalubrité à raison de la qualité nauséabonde et malsaine de ses eaux, le Conseil municipal peut en ordonner le curage ou en prescrire la suppression; mais il ne peut contraindre le propriétaire à fournir aux locataires l'eau nécessaire au maintien de l'immeuble en état de propreté.

Cependant l'eau pure, répartie avec profusion, est, de l'avis des hygiénistes, un des premiers besoins d'une cité et l'un des plus puissants moyens d'assainissement. Plus la cité est grande et populeuse, plus ce besoin devient impérieux, plus il est urgent de le satisfaire. A Paris, depuis les grands travaux de canalisation et de dérivation de la Vanne et de la Dhuis, l'eau est devenue relativement abondante et l'administration en rend l'emploi obligatoire dans toutes les maisons qui sont construites sur des terrains appartenant à la ville. Malheureusement ces maisons ne composent qu'une très-faible partie des immeubles mis en location, et sur lesquels la commission des logements insalubres exerce son contrôle. Cette commission a donc été tentée de prescrire l'usage obligatoire de l'eau dans certains logements qui en étaient complétement privés ou insuffisamment pourvus. Le Conseil de préfecture n'a pas cru pouvoir, dans tous les cas,

Le Conseil municipal ne peut contraindre le propriétaire à fournir aux locataires l'eau nécessaire pour maintenir l'immeuble en état de propreté :

1° Arrêté du 9 juillet 1879. — Cie des chemins de fer de l'Est ;
2° — du 18 février 1880. — Minoret ;
3° — du 1er décembre 1881. — Mondrel (1).

ratifier ces injonctions. Il l'a fait toutefois récemment dans des circonstances exceptionnelles qui ont attiré l'attention de la presse et du public. Voici à quelle occasion cette difficulté avait été portée devant la juridiction administrative. Il s'agissait de l'état d'insalubrité d'une de ces cités ouvrières mal aérées et mal construites, malheureusement encore trop nombreuses à Paris. Cette cité devint tout-à-coup un foyer d'épidémie variolique. Les cas de variole furent si nombreux et si graves que l'on put un moment craindre que l'épidémie ne s'étendît sur tout un arrondissement. L'administration fit déménager d'urgence et par mesure de police les habitants de la cité Jeanne-d'Arc.

La gravité exceptionnelle des causes d'insalubrité signalées par la commission, ces cours encombrées de détritus et d'ordures de toute nature, accumulés en si grande quantité, qu'il s'en dégageait des odeurs méphitiques infectant tous les logements ; ces escaliers manquant d'air et de lumière, sans cuvette pour le déversement des eaux ménagères ; ces fenêtres sans vitrages, bouchées avec des planches ou des chiffons ; ces magasins encombrés de matériaux malpropres et dont les devantures défoncées tombaient en ruines ; ces cabinets privés à trous béants, laissant filtrer leur contenu sur le sol des courettes intérieures ; tout cet ensemble de constructions hideuses, vouées à la ruine et à la maladie, avait convaincu le Conseil de préfecture de la nécessité de contraindre le propriétaire à fournir à ses misérables locataires l'eau destinée à maintenir l'immeuble dans un état de propreté relative.

Par prudence et en présence d'un texte de loi qui ne reconnaît que des causes d'insalubrité *inhérentes* aux immeubles, ce fut implicitement que le Conseil de préfecture admit la nécessité de l'eau dans la cité Jeanne-d'Arc.

Malgré sa forme évasive et bien que le principe ne fût pas formellement posé, l'arrêté fut attaqué sur ce point devant le Conseil d'Etat. Le pourvoi a été récemment rejeté et la décision maintenue. Il n'y a pas eu cependant, à proprement parler, arrêt de principe. Le Conseil d'Etat, nous l'avons dit au cours de cette étude, s'est borné à indiquer que l'absence d'eau tantôt constitue et tantôt ne constitue pas une cause d'insalubrité inhérente à l'immeuble : c'est affaire d'espèce et d'appréciation.

(1) V. la note ci-dessus.

4.

TITRE IV

DES VOIES DE RECOURS.

Les communes n'ont aucune qualité pour intervenir soit devant le Conseil de préfecture, soit devant le Conseil d'État, dans les contestations auxquelles peuvent donner lieu les mesures prescrites par le Conseil municipal. — Arrêt du 21 mars 1879. — Ville de Roubaix contre Briet. (Conseil d'État).

Le préfet n'a pas qualité pour déférer au Conseil de préfecture la délibération du Conseil municipal. — Arrêt du 14 juillet 1859. — Belseur. (Conseil d'État).

Responsabilité du propriétaire ou de l'usufruitier. — Mise en cause de tous les intéressés. — Non recevabilité du recours du locataire :

1° Arrêté du 24 février 1864. — Jeandin et Thomas ;

2°   —   du 1ᵉʳ janvier 1865. — Vincent ;

3°   —   du 13 juin 1866. — Sʳ X. ;

4°   —   du 20 juin 1866. — Cailleux ;

5°   —   du 17 février 1869. — Veuve Bouyamet ;

6°   —   du 23 juillet 1872. — Ségot et consorts ;

7°   —   du 1ᵉʳ juin 1875. — Pinot ;

8°   —   du 12 mars 1877. — Luce ;

9°   —   du 23 avril 1878. — Satias ;

10°   —   du 18 février 1880. — Minoret ;

11°   —   du 27 avril 1880. — De Narcillac ;

12°   —   du 12 mai 1880. — Paignon (1).

(1) On sait le nombre incalculable de petites industries s'exerçant dans la capitale et correspondant à ces milliers de produits que l'on appelle dans le monde commercial « la fabrication parisienne », « l'article de Paris » ? Les ouvriers ou les petits patrons qui les exercent se contentent de locaux très modestes, souvent très-mal appropriés à leur destination, et construits la plupart du temps sur des terrains vagues, ou relativement sans valeur, loués à long terme, avec la condition expresse qu'à l'expiration des baux les constructions feront retour au propriétaire du sol ou qu'elles seront enlevées et les lieux rétablis dans leur ancien état. C'est le motif qui a fait décider par la jurisprudence qu'en matière de logements insalubres la responsabilité instituée par la loi de 1850, incombe au propriétaire ou à l'usufruitier, même quand il s'agit de constructions élevées par un locataire.

Un principal locataire ne saurait être assimilé à un usufruitier. — Arrêté du 22 mars 1877. — Luce.

L'exécution d'une délibération prise contre l'ancien propriétaire ne peut être poursuivie contre le nouveau. — La notification faite à ce dernier est nulle. — Arrêté du 17 décembre 1879. — Gsell.

Le Conseil de préfecture est incompétent pour statuer sur le recours formé contre l'arrêté du maire prescrivant l'exécution de la délibération du Conseil municipal. — Arrêté du 9 février 1876. — Fabien. —

Le logement qui ne peut être assaini doit être interdit à titre d'habitation. — Arrêt du 26 décembre 1867. — Lechesne (1). (Conseil d'État).

Le recours formé en temps utile, par l'un des copropriétaires indivis d'un immeuble, suffit à rendre recevable le recours formé par ses co-intéressés, après l'expiration du délai légal. — Arrêté du 23 juillet 1872. — Ségot et consorts.

La déchéance ne peut être opposée au recours formé contre une délibération du Conseil municipal, interdisant provisoirement la location d'un logement à titre d'habitation. — Arrêté du 22 février 1876. — Thuilleux (2).

Le Conseil de préfecture peut ordonner une expertise ou un supplément d'instruction :

1º Arrêté du 6 décembre 1865. — Dame Désoyelle ;
2º   —   du 12 août 1870. — Moynet ;
3º   —   du 28 mai 1873. — Mondière ;
4º   —   du 16 novembre et 28 décembre 1880. — Dillais ;

Dans le même ordre d'idées et comme conséquence de ce premier principe, le propriétaire ou l'usufruitier étant seuls responsables de l'insalubrité des logements qu'ils ont mis en location, et l'administration ne pouvant s'adresser qu'à eux seuls pour prescrire les travaux d'assainissement, le recours direct ou la tierce opposition formée par un locataire contre la décision du Conseil municipal n'est pas recevable.

(1) Tout logement qui ne peut être assaini doit être interdit. L'interdiction provisoire prononcée par le Conseil municipal ne peut devenir définitive que par trait de temps ou par déchéance. Au Conseil de préfecture seul appartient le droit de prononcer l'interdiction. Il doit, dans ce cas, être saisi de conclusions formelles par l'administration.

(2) Aucune fin de non-recevoir ne peut être opposée au propriétaire défendant à la demande en interdiction définitive.

5° — du 31 janvier 1882. — Métayer. — Arrêt du 11 novembre 1881. — (Conseil d'État). — Dillais (1).

L'expertise n'est pas obligatoire. — Arrêté du 8 août 1866. — Lalou. — Arrêté du 20 juin 1877. — De Lambert.

Le Conseil de préfecture peut modifier la délibération du Conseil municipal, lorsqu'il y a accord entre le propriétaire et l'administration :

1° Arrêté du 13 juin 1866; Dame Gauthier ;
2° — du 17 décembre 1873. — Veuve Jobert ;
3° — du 24 novembre 1874. — Veuve Prieur ;
4° — du 10 novembre 1875. — Michot.

(1) La visite des lieux par le Conseil de préfecture est un moyen prépara-
toire ou complémentaire de vérification. — (Arrêté du 8 novembre 1880.
— Tapon-Chollet.)

Nous avons vu que le rapport de la commission des logements insalubres, rédigé en suite de l'examen des lieux litigieux par le membre chargé du rapport, était considéré comme une mesure d'instruction préalable à toute délibération du Conseil municipal.

Le Conseil de préfecture de la Seine, s'autorisant par analogie des dispositions du Code de procédure civile, use volontiers, après la commission, de ce moyen de vérification. C'est surtout, en effet, en matière de logements insalubres que la visite des lieux est profitable. Faite avant l'expertise, elle la rend souvent inutile et la remplace à moins de frais et avec plus de célérité ; faite après, elle en complète ou en élucide les résultats.

Le Conseil de préfecture de la Seine semble être convaincu des avantages de cette procédure, et la met en œuvre sur la demande des parties, ou même d'office.

Cela ne lui interdit point de recourir à l'expertise lorsque cette mesure d'instruction lui paraît nécessaire, soit parce que la visite de lieux préalablement faite n'a pas suffi à l'éclairer, soit parce que, *à priori*, ce moyen d'instruction lui a paru inutile. On lui a cependant contesté le droit de faire procéder à l'expertise en matière de logements insalubres, et récemment le ministère de l'agriculture et du commerce introduisait un recours au Conseil d'État contre deux arrêtés par lesquels le Conseil avait ordonné, avant faire droit, qu'il serait procédé à une expertise.

Le ministre prétendait que l'application de la loi du 13 avril 1850 ne devait donner lieu devant le Conseil de préfecture à aucune formalité coûteuse ; que la nomination d'experts n'avait point été prévue dans la loi à l'article qui règle les attributions du Conseil, lequel peut, du reste, s'éclairer par d'autres voies et notamment par l'avis du Conseil d'hygiène. Il con-

Le Conseil de préfecture ne peut aggraver la délibération du Conseil municipal. — Arrêt du 14 juillet 1859. — Belseur. (Conseil d'État).

Le recours au Conseil d'État est ouvert contre tous les arrêtés des Conseils de préfecture en matière de logements insalubres. — Arrêt du 7 avril 1865. — De Madre. (Conseil d'État).

Aucune disposition de loi ou de réglement n'autorise à prononcer des dépens à la charge ou au profit des administrations dans les affaires de logements insalubres portées devant le Conseil d'État. — Arrêt du 29 décembre 1858. — Courmont (Conseil d'État).

cluait à l'invalidation des arrêtés attaqués, en alléguant que le Conseil de préfecture avait excédé son droit.

Le Conseil d'Etat n'en a pas ainsi jugé. Il a dit qu'aucune disposition de la loi de 1850 ne faisait obstacle à ce que le Conseil de préfecture, saisi d'un recours contentieux contre l'exécution d'une délibération du Conseil municipal, usât de la faculté qui lui appartient, en vertu de la loi du 21 juin 1865, de confier à des experts l'examen des lieux litigieux. Il en a conclu que le Conseil de préfecture n'avait pas excédé ses pouvoirs ; mais ce qu'il n'a pas dit, c'est par qui les frais de l'expertise devaient être payés. Cette décision est fort importante, car elle confirme sur ce point toute la jurisprudence du Conseil de préfecture de la Seine depuis 1864.

Orléans — Imp Ernest Colas